■ ENSAIO GERAL

Museu e museologia

Dominique Poulot

Museu e museologia

Tradução
Guilherme João de Freitas Teixeira

autêntica

Copyright © Editions LA DÉCOUVERTE, Paris, France, 2005, 2009.
Copyright © 2013 Autêntica Editora

TÍTULO ORIGINAL
Musée et muséologie

EDITORAÇÃO ELETRÔNICA
Conrado Esteves

TRADUÇÃO
Guilherme João de Freitas Teixeira

REVISÃO
Lílian de Oliveira

REVISÃO TÉCNICA
Vera Chacham

EDITORA RESPONSÁVEL
Rejane Dias

PROJETO GRÁFICO DE CAPA
Diogo Droschi

Revisado conforme o Acordo Ortográfico da Língua Portuguesa de 1990, em vigor no Brasil desde janeiro de 2009.

Todos os direitos reservados pela Autêntica Editora. Nenhuma parte desta publicação poderá ser reproduzida, seja por meios mecânicos, eletrônicos, seja via cópia xerográfica, sem a autorização prévia da Editora.

AUTÊNTICA EDITORA LTDA.

Belo Horizonte
Rua Aimorés, 981, 8º andar . Funcionários
30140-071 . Belo Horizonte . MG
Tel.: (55 31) 3214 5700

Televendas: 0800 283 13 22
www.autenticaeditora.com.br

São Paulo
Av. Paulista, 2073 . Conjunto Nacional
Horsa I . 11º andar . Conj. 1101
Cerqueira César . 01311-940
São Paulo . SP
Tel.: (55 11) 3034 4468

Dados Internacionais de Catalogação na Publicação (CIP)
(Câmara Brasileira do Livro, SP, Brasil)

Poulot, Dominique
  Museu e museologia / Dominique Poulot ; tradução Guilherme João de Freitas Teixeira. -- Belo Horizonte : Autêntica Editora, 2013. -- (Coleção Ensaio Geral)

  Título original: Musée et muséologie
  Bibliografia
  ISBN 978-85-8217-130-1

  1. Museologia - História 2. Museus - História I. Título. II. Série.

12-15696   CDD-069

Índices para catálogo sistemático:
1. Museologia : História 069
2. Museus : História 069

9 Apresentação

11 Introdução

15 Capítulo I: **O que é um museu?**

   15 As definições do museu
       15 *O mito das origens*
       15 1. O MITO DE ALEXANDRIA
       16 *O ICOM e seu trabalho de nomenclatura*
       18 *As definições profissionais no plano nacional*
       19 *A reflexão museológica*
       20 2. GEORGES-HENRI RIVIÈRE

   22 As funções do museu
       22 *A conservação*
       24 *O estudo e a pesquisa*
       26 *A comunicação: da exposição à transferência de conhecimentos*
       28 3. MUSEUS FRANCESES COM MAIOR NÚMERO DE VISITANTES EM 2006
       29 4. AS PROFISSÕES DA EXPOSIÇÃO
       33 *As características fundamentais da instituição*

35 Capítulo II: **O espaço e o tempo das coleções**

   35 Entre passado e presente: representar a construção das pátrias
       36 5. DO ENCICLOPEDISMO À ESPECIALIZAÇÃO: A INVENTIVIDADE TIPOLÓGICA
       37 *O primeiro museu francês de história nacional*
       37 6. O MUSÉE DES MONUMENTS FRANÇAIS OU O MUSEU DA RESSURREIÇÃO
       39 *O museu romântico*
       40 7. O MUSEU DE VERSALHES OU O MUSEU DOS ANAIS
       42 *O museu-ateliê da ciência*
       43 *O museu das ciências sociais*

- 44 *Lutos e reconciliações*
- 46 *Heimat e construção nacional*
- 46 *À procura da etnologia francesa*
- 48 8. VIDA E MORTE DO MUSÉE NATIONAL DES ARTS ET TRADITIONS POPULAIRES
- 50 Entre cultura e natureza: representar o espaço social
  - 50 *Museu de cidade e nostalgia*
  - 51 *O tempo da história urbana*
  - 52 9. A INVENÇÃO DA INTERPRETAÇÃO
  - 53 *O museu ao ar livre (ou a céu aberto)*
  - 54 10. OS MUSEUS E O PATRIMÔNIO CULTURAL IMATERIAL
  - 56 *A era dourada dos ecomuseus*

59 Capítulo III: **História dos museus**

- 60 Os primeiros museus europeus
  - 60 *A galeria progressiva*
  - 60 *Os museus italianos e alemães*
  - 62 *O olhar do público*
- 63 Os museus no século XIX
  - 63 *Uma cultura de museu*
  - 64 *A museografia europeia*
  - 67 *Berlim e o espaço alemão*
  - 69 *Londres e Inglaterra*
  - 70 *A difusão de um modelo para além da Europa*
- 71 O século XX: 1914-1989
  - 72 *O peso dos totalitarismos*
  - 74 *O caso norte-americano*
  - 75 *A preocupação com as diferentes categorias de público*
  - 76 *A invenção da arte moderna*
  - 77 *O debate a propósito da arquitetura*
  - 79 *O museu no presente da memória*

83 Capítulo IV: **Os museus da França**

- 83 A arte, o museu e o Estado
  - 84 *A tradição do Salon*
  - 85 *A Revolução Francesa e os meios de agir dos museus*

- 86 *O debate museográfico no Louvre*
- 87 *Em prol de uma carreira liberal no âmbito das Belas-Artes*
- 87 *A tradição distributiva nacional*
- 88 A reorientação liberal dos museus
  - 89 *A crise do* Salon
  - 90 *O novo mundo da arte*
  - 91 *A arte liberada?*
- 92 A fundação de uma política cultural
  - 93 *Malraux construtor*
  - 94 11. VENTURAS E DESVENTURAS DA INOVAÇÃO CULTURAL
  - 96 *O rápido desenvolvimento na área administrativa*
  - 97 *O atual enquadramento legal dos museus franceses*
  - 98 12. PATRIMÔNIO IMATERIAL, TERRITÓRIOS DE PROJETO E POLÍTICAS CULTURAIS

103 Capítulo V: A paisagem contemporânea dos museus

- 103 Um crescimento recente e significativo dos estabelecimentos
  - 104 *Um desenvolvimento rápido e diversificado*
  - 105 *Um debate público*
  - 107 *Uma instituição instável*
- 108 Um conjunto de mutações
  - 108 13. O MUSEU DE ARTISTA
  - 109 *A transformação das coleções*
  - 111 *Uma museografia da estranheza* [estrangement]
  - 112 14. O *MUSÉE CANNIBALE* NO MUSEU DE ETNOGRAFIA DE NEUCHÂTEL
  - 113 *A orientação para o público: divertir e instruir*
  - 113 *Do desenvolvimento cultural à inclusão social*
  - 114 15. COLOCAR NO MUSEU A ARTE CONFUNDIDA COM A VIDA?
  - 116 *Os ofícios dos museus*
- 119 A nova mitologia dos museus
  - 119 *O museu imaginário*
  - 121 *A exultação arquitetônica*
  - 122 16. O MUSEU DE BILBAO (1993-1997) E OS PROJETOS FRANCESES

127 Capítulo VI: A museologia
- 127 Uma tradição pragmática e intelectual
  - 127 *O legado dos gabinetes*
  - 128 *Primeiro esboço de profissionalização*
- 129 Os desafios contemporâneos
- 130 Uma ciência social em construção
  - 131 *A vida social dos musealia*
  - 132 *A configuração da musealidade*
  - 134 *A elaboração de um espaço público*
  - 134 17. A DIGRESSÃO POR MARTE
  - 136 *A instituição da cultura*
  - 138 18. A CRISE DA CULTURA E O MUSEU IMPOSSÍVEL
  - 139 *Repovoar o museu*

141 Conclusão

145 Referências

159 Lista dos textos em destaque

Apresentação

Maria Eliza Linhares Borges[1]

Em fins de 2011, Dominique Poulot esteve na Universidade Federal de Minas Gerais (UFMG) para a conferência de abertura do *1º Seminário Internacional Elementos Materiais da Cultura e do Patrimônio*, organizado pelo Grupo de Pesquisa "Elementos Materiais da Cultura e do Patrimônio". Na ocasião, tive o prazer de intermediar seu contato com a Autêntica Editora, que, por sugestão do autor, se propôs a traduzir e editar *Musée et muséologie*. Por que escolher esta e não outra obra de Dominique Poulot?

Lançado na França em 2005 e logo depois traduzido para o espanhol e o italiano, *Museu e museologia* é um livro que atesta a maestria de um estudioso internacionalmente reconhecido no campo da museologia. Mais: atende à real demanda do atual mercado universitário brasileiro nessa área do conhecimento, que, diga-se de passagem, acompanha a tendência mundial de crescimento e inovação.

Para ficarmos apenas no caso do Brasil, lembramos: até o ano 2000 o país possuía apenas dois cursos de graduação e um de pós-graduação em Museologia. Hoje, são quatorze cursos de graduação – treze deles em universidades públicas – e dois de pós-graduação. Se levarmos em conta que o campo museu é, simultaneamente, objeto de estudo e prática cultural multidisciplinar, não há como negar: esta edição em português contribuirá positivamente para socializar seu conteúdo tanto junto ao público universitário quanto entre os profissionais de museus.

Estruturado em seis capítulos que podem ser lidos autonomamente, *Museu e museologia* foi concebido como um manual, aparentemente destinado a iniciantes. Sem embargo, a leitura atenta de suas páginas refuta essa primeira impressão.

---

[1] Profa. Colaboradora do Programa de Pós-Graduação em História da UFMG, Membro do Grupo de Pesquisa "Elementos Materiais da Cultura e do Patrimônio".

Mostra, ao invés, que a opção pela linguagem informativa e a abrangência dos temas tratados conformam o propósito do autor: mapear o campo sem perder de vista sua perspectiva histórica e suas constantes transformações. Para realizá-lo, Dominique Poulot dialoga com a historiografia clássica contemporânea ao mesmo tempo em que apresenta vasto rol de dados empíricos sobre desafios e realizações dos profissionais de museus (antigos e contemporâneos), principalmente nos contextos europeu e norte-americano. Embora em menor escala, o livro também inclui experiências museais do Canadá, do Japão, do Brasil, entre outros países. Mostra como a globalização, sobretudo na contemporaneidade, permeia, cada vez mais, a circulação e a troca de experiências no campo museal. Ao analisar tal movimentação, o autor não perde de vista o papel das particularidades culturais do "local" em constante diálogo com as tendências do "global".

Outra característica de *Museu e museologia* são os dezoito textos de apoio disseminados ao longo dos capítulos. Com esse recurso pedagógico, Dominique Poulot estimula o aprofundamento de questões próprias do campo museológico. Em tom ora informativo ora provocativo, ele acaba por sugerir uma pauta de reflexão sobre a área. Ancorado em nomes expressivos do universo museal, da cultura de massas, da cultura material e do patrimônio, dos ofícios originalmente ligados ou não à tradição museal, o autor dá destaque a categorias conceituais, ao papel das perspectivas multiculturais na definição do perfil das exposições contemporâneas, pontua as tensões entre os profissionais de museus, entre outras questões.

Pesquisador e professor universitário, Dominique Poulot conhece o potencial problematizador desses textos de apoio. Antes: parece ver neles o ponto de partida para a montagem de aulas/debates tão necessárias à formação crítica dos novos profissionais de museus. Exatamente por ser pesquisador e professor universitário, Dominique Poulot sabe que este, como outros bons manuais, expressa uma constante tensão: a de ser um livro panorâmico, que tem a completude no horizonte, mas requer a busca metódica do diálogo com obras específicas.

Por todas essas razões, recomendamos enfaticamente a leitura de *Museu e museologia*.

Introdução

No termo de uma história complexa, o museu revela-se hoje como uma instituição central e incontestável da cultura ocidental. Seu crescimento espetacular no último quartel do século XX é o resultado de consideráveis investimentos – públicos e privados – que permitiram a emergência ou a recomposição de coleções; a criação, a extensão ou a renovação de prédios; a multiplicação de exposições; e o surgimento de novos serviços, dedicados às diferentes categorias de público. Com a redefinição das concepções museais, tal processo de desenvolvimento implicou a modificação das práticas na área profissional. Esta, dependendo do país, assumiu diversas formas, demorando, às vezes, a obter reconhecimento oficial.

Por oposição às imagens medíocres – para não dizer, negativas, pelo menos na Europa – dos anos 1950-1960, o museu contemporâneo usufrui de uma autoridade intelectual estável e, até mesmo, exerce certo fascínio, bem além dos interesses próprios da esfera acadêmica. Tendo-se tornado emblemáticos de um pós-modernismo para alguns autores, os museus participam do consumo turístico e da economia de lazer: eles têm a ver com a "cultura de massa", quando o número de seus visitantes está competindo com a clientela dos cinemas ou com os espectadores dos jogos de futebol. Assim, a Alemanha registra, atualmente, entre 90 e 95 milhões de visitantes por ano: à semelhança do que se passa em quase todos os países desenvolvidos, um terço da população frequenta regularmente os museus, outro terço entra raramente nesses espaços, enquanto o último terço nunca visitou um museu.

Esse rápido aumento de visitantes de museus alimenta, entre seus detratores, a crítica de uma "proliferação" indevida e de seus efeitos perversos, segundo a lógica da retórica reacionária, enquanto outros reconhecem nessa constatação um progresso dos valores democráticos. A preocupação com o público – instalada daqui em diante no cerne da vocação dos estabelecimentos – vislumbra, às vezes, a instituição[1] como um agente de regeneração, pertinente e eficaz, do tecido social, ou o instrumento de uma política multicultural, atribuído às comunidades que devem assumir tal responsabilidade. O desígnio de fazer cooperar os atores públicos e privados, o Estado e as entidades responsáveis pelos museus, mas também de forma mais abrangente os artistas ou as fundações, respeitando a especificidade de seus compromissos, é acompanhado de qualquer modo por uma preocupação de ordem ética, como é testemunhado pela redação – abundante, nos últimos anos – de diferentes códigos de boa conduta.

O museu parece estar fadado a contribuir para a emergência de um interesse comum no âmago do espaço público; ele exerce, de fato, uma hegemonia em termos de coleções, assim como de reflexão coletiva a propósito do patrimônio, do ponto de vista tanto da filiação e identidade, quanto da experiência relativamente à alteridade. Em particular, a nova cultura museal nutre uma reflexão sobre a memória, seu trabalho, suas ambivalências e seus paradoxos, até mesmo sobre os recursos que ela oferece em face da abjeção histórica. A surpreendente plasticidade que o museu tem demonstrado, nas últimas décadas, permitiu-lhe também dar testemunho em prol de bens culturais relacionados à antropologia, aos processos ecológicos ou, ainda, ao patrimônio imaterial no campo das ciências humanas e naturais.

Apesar disso, o museu está passando por novas incertezas: trata-se de um lugar público que atrai visitantes ao redor de objetos expostos, mas seu funcionamento parece tornar-se

---

[1] Além dessa denominação [instituição], o museu é concebido como estabelecimento, lugar distinto e particular, concreto: "O estabelecimento museal é uma forma concreta da instituição museal" (MAROEVIĆ, 2007). Cf. "Institution" in http://icom.museum/fileadmin/user_upload/pdf/Key_Concepts_of_Museology/Museologie_Francais_BD.pdf.

cada vez mais enigmático à medida que se aprofunda sua análise. A museologia é um gênero indefinido em que se verifica a mistura, por um lado, de uma museografia erudita italiana ou espanhola, associada frequentemente à biblioteconomia; de uma museologia alemã marcada pela teoria pedagógica e pela história dos conceitos; de uma museologia semiótica oriunda da Europa Central, surgida no decorrer dos anos 1960-1970 e cujos avatares são múltiplos. Por outro, observa-se a mistura de uma literatura jurídica e administrativa, além de uma sociologia do trabalho; enfim, de uma arqueologia que converteu a promoção da cultura material em uma forma de apostolado cultural e social pelo viés das técnicas de exposição relacionadas com a interpretação. Atualmente, ocorre que uma preocupação com a gestão das organizações parece fazer as vezes de *lingua franca* – para não dizer, de Nova Vulgata – enquanto os saberes tradicionais da história da arte ou da história das ciências conhecem uma relativa marginalização.

Capítulo I

O que é um museu?

∽

As definições do museu

Uma definição hegemônica, característica da globalização dos museus, é a do Conselho Internacional dos Museus (conhecido sob a sigla anglófona ICOM – International Council of Museums) que tem sido objeto de várias reformulações. Existem, paralelamente, diversas definições vinculadas à disciplina acadêmica da museologia, oriundas seja das perspectivas da semiologia ou das ciências da comunicação, seja da cultura profissional da conservação. Enfim, uma representação comum do museu é a do Templo das Musas, que toma como referência este duplo estereótipo: conservatório do patrimônio da civilização e escola das ciências e das humanidades.

O mito das origens

O termo "museu", segundo a etimologia clássica, remete a uma pequena colina, o lugar das Musas. A genealogia tradicional do museu evoca, de bom grado, o testemunho do geógrafo Pausânias, que, em sua *Descrição da Grécia*, fala de um pórtico na *ágora* de Atenas que era uma espécie de museu ao ar livre, assim como da *Pinacoteca* dos *Propileus*, na Acrópole. Em sua obra *História natural* – particularmente, nos livros XXXV e XXXVI –, Plínio, o Velho, cita também a exposição pública de esculturas, em Roma.

---

1. O MITO DE ALEXANDRIA

O Museu de Alexandria – ao mesmo tempo, biblioteca, coleção e centro acadêmico – é o testemunho por excelência da relação imaginária estabelecida pela instituição com a Antiguidade, a qual se converteu, aos poucos, em um lugar comum dos dicionários. Figura originária do arquivo – celebrada, em particular, no século XVIII por seu caráter universal –, Alexandria continua encarnando esse paradigma nostálgico em um de seus últimos arautos do século XX, Lawrence Durrell, que lhe atribui o qualificativo de "capital da memória". A atual "Bibliotheca Alexandrina", cujo projeto foi lançado no decorrer da década de 1990, manifesta uma atualização desse mito, a um só tempo, empreendimento mundial – mediante a intervenção da Organização das Nações Unidas (UNESCO) –, esperança de requalificação urbana e expressão do orgulho nacional por parte do governo egípcio. Ela inclui seis bibliotecas especializadas, três museus (antiguidades, manuscritos e história das ciências), um planetário e numerosos dispositivos interativos e pedagógicos no âmbito de uma arquitetura espetacular. O empreendimento, revelador tanto de desafios diplomáticos quanto de agendas burocráticas, participa claramente da dinâmica contemporânea do *revival* de determinadas memórias culturais – no caso concreto, a civilização alexandrina. Enfim, ele ilustra o quanto os retornos ao passado, as formas de renascimento da herança alexandrina constituem outras tantas maneiras de reescrever o Egito (BUTLER, 2007).

Além desses exemplos, nossos museus contemporâneos estão associados certamente a arquétipos antigos. Assim, o túmulo ou o templo, a um só tempo, lugar de acúmulo de riquezas intelectuais e lugar de sacralização, representariam as raízes de uma antropologia da musealidade. Mas outras representações podem ser mobilizadas: a da cidade como máquina mnemotécnica, suporte clássico, com suas ruas, da arte da memória; a do teatro, outro dispositivo clássico da memória; e, evidentemente, a da biblioteca.

O ICOM e seu trabalho de nomenclatura

O ICOM surgiu na esteira da criação da UNESCO, em novembro de 1946, em Paris, sob o impulso do presidente dos *trustees* do Museu das Ciências de Buffalo – o norte-americano Chauncey J. Hamlin –, que havia conseguido a adesão para essa causa do diretor dos Museus da França, Georges Salles, o qual será o segundo presidente do ICOM, de 1953 a 1959. Os grupos de trabalho constituídos, no ano seguinte, em seu seio fornecem um verdadeiro panorama do domínio museal na época, compreendendo as artes, a arqueologia, a história e os sítios históricos; a etnografia e as artes populares, a ciência e as técnicas mecânicas, as ciências naturais; enfim, os museus para crianças. Uma revista trimestral, na linhagem de *Mouseion* – revista publicada no período entre as duas guerras –, e intitulada *Museum*, acrescida de um boletim, *Les Nouvelles de l'Icom* [As Notícias do ICOM], e de publicações dos comitês internacionais especializados ou das associações nacionais, difunde as reflexões desse conselho.

Ao longo das décadas de 1960 e 1970, o ICOM assumiu o papel de iniciador das novas exigências de utilidade social dos museus e do patrimônio, por meio essencialmente da realização de conferências gerais, mas também por meio da publicação de múltiplos documentos resultantes de seus diferentes comitês. O papel de seus primeiros responsáveis – Georges-Henri Rivière, diretor de 1948 a 1966, e Hugues de Varine-Bohan, seu sucessor até 1975 – revelou-se importante para definir a filosofia da associação. A mesa-redonda da UNESCO de 1972, em Santiago do Chile, enfatizou, em particular, a dimensão social dos museus, abrindo uma perspectiva de compromisso por parte da profissão que nunca mais foi desmentida.

A evolução da definição do museu segundo os estatutos do ICOM é, a esse respeito, reveladora. Em julho de 1951, "a palavra museu designa qualquer estabelecimento permanente, administrado no interesse geral com o objetivo de conservar, estudar, valorizar por diversos meios e, essencialmente, expor para o prazer e a educação do público um conjunto de elementos de valor cultural: coleções de objetos artísticos, históricos, científicos e técnicos, jardins botânicos e zoológicos, aquários". Ao mesmo tempo, as bibliotecas públicas e os centros de arquivos que, de forma permanente, mantêm salas de exposição são assimilados a museus. Hoje em dia, as definições do museu obedecem, com um grau maior ou menor de conformidade, à proposição do ICOM elaborada em 1974, e que marcou uma reviravolta: "O museu é uma instituição permanente, sem fins lucrativos, a serviço da sociedade e de seu desenvolvimento, aberta ao público, e que faz pesquisas relacionadas com os testemunhos materiais do ser humano e de seu ambiente, tendo em vista a aquisição, conservação, transmissão e, principalmente, exposição desse acervo com a finalidade de estudo, educação e deleite". As definições subsequentes enumeraram as instituições que entram explicitamente nessa categoria: por exemplo, aquelas que "têm a missão de ajudar na preservação, continuidade e gestão dos recursos patrimoniais tangíveis e intangíveis (patrimônio vivo e atividade criativa no plano da informática)". Enfim, o Código de Deontologia Profissional do ICOM, adotado em Buenos Aires, em 1986, estabelece que "o museu deve se esforçar para assegurar que as informações fornecidas nas apresentações e nas exposições sejam honestas e objetivas, além de não perpetuarem mitos ou estereótipos".

As definições profissionais no plano nacional

As diversas associações de conservadores no mundo inteiro chegaram, em geral, a definições semelhantes, mesmo que persistam desacordos evidentes no que diz respeito à natureza do museu e, sobretudo, à inclusão nessa categoria, ou não, de determinados estabelecimentos, tais como jardins zoológicos e botânicos, planetários, parques temáticos ou outros empreendimentos desse gênero. Os ministérios da Cultura ou as administrações culturais correspondentes empenharam-se em definir as condições mínimas para ter direito ao título de museu e se beneficiar das subvenções públicas e apoios diversos, diferenciando-se da lei comum que rege as empresas de lazer e de diversão com fins lucrativos.

A Associação Britânica dos Museus (MA – Museums Association) considera que estes devem tornar seus visitantes capazes de "explorar as coleções para sua inspiração, seu saber e sua fruição. Trata-se de instituições que colecionam, preservam e tornam acessíveis os artefatos e os espécimes, que elas mantêm em depósito para a sociedade". De maneira mais significativa, a Associação Americana dos Museus (AAM – American Association of Museums) atribui o título de museu apenas à instituição que "é essencialmente educativa por natureza" (1999; cf. AAM, 2003). De fato, por volta de 88% dos museus dos EUA fornecem programas educativos, centrados na arte, história, matemática ou ciência, correspondendo aos anos finais do ensino fundamental e ao ensino médio (*grades* K a 12 no sistema de ensino estadunidense). O maior crescimento dos museus, na última década é, aliás, o dos museus infantis: perto de 100%.

Na França, a Lei nº 2002-5, de 4 de janeiro de 2002, definiu o "Musée de France" – título que dá direito a certo número de vantagens ou privilégios – como "qualquer coleção permanente composta de bens, cujas conservação e apresentação se revestem de um interesse público, além de estar organizada com vistas ao conhecimento, à educação e ao prazer do público". A qualificação "Musée de France" pode ser atribuída aos museus pertencentes ao Estado, a outra pessoa jurídica de direito público, ou a uma pessoa jurídica de direito privado com fins não lucrativos. O artigo 2 fixa-lhes as seguintes missões: "conservar, restaurar, estudar e enriquecer suas coleções; tornar suas coleções acessíveis ao mais amplo público possível; conceber e colocar em prática ações educativas e de difusão visando assegurar o igual acesso de todos à cultura; contribuir para o progresso do conhecimento e da pesquisa, assim como para sua difusão".

A reflexão museológica

Paralelamente a essas iniciativas profissionais ou administrativas, a literatura museológica elaborou com regularidade suas próprias definições da instituição, geralmente com fins pedagógicos. A sucessão de semelhantes reflexões – marcadas por abordagens epistemológicas particulares e, até mesmo, idiossincrásicas – não é assim tão expressiva quanto a das posições oficiais relativamente à evolução do conjunto dos museus. Ocorre que a museologia teórica conseguiu exercer uma influência determinante quando a oportunidade se apresenta: tal é o caso dos princípios mais ou menos esboçados por Georges-Henri Rivière (cf. 2. Georges-Henri Rivière, p. 20).

Os anos 1990 conheceram uma série de revisões que marcam a ausência de identificação evidente de museu, assim como da museologia, contrariamente às certezas da geração precedente. Em 1997, um dos museólogos europeus "clássicos", Tomislav Sola, propõe a seguinte definição de museu: "Um museu é uma organização sem fins lucrativos que coleciona, analisa, preserva e apresenta objetos pertencentes ao patrimônio natural e cultural de maneira a aumentar a quantidade e a qualidade dos conhecimentos. Um museu deve divertir seus visitantes e ajudá-los a se distrair. Utilizando argumentos científicos e uma linguagem moderna, ele deve ajudar os visitantes a compreender a experiência do passado. Em uma relação mútua com seus usuários, ele deve encontrar nas experiências do passado a sabedoria necessária para o presente e o futuro".

2. GEORGES-HENRI RIVIÈRE

Tendo nascido em 1897, este sobrinho de Henri Rivière – criador do Teatro de Sombras no cabaré Chat noir [Gato preto], no bairro parisiense de Montmartre – começou por ser músico, antes de seguir os cursos da École du Louvre* e descobrir o surrealismo. Sua primeira intervenção no mundo dos museus é uma exposição de arte pré-colombiana no Musée des Arts Décoratifs [Museu das Artes Decorativas]. Em 1928: obteve tal êxito que acabou sendo recrutado por Paul Rivet – nomeado, no mesmo ano, diretor do Musée d'Ethnographie [Museu de Etnografia] do Trocadéro – para ajudá-lo na reorganização desse estabelecimento.

Marcadas por algumas iniciativas espetaculares – tal como a instalação de uma das grandes cabeças da ilha de Páscoa, na Place de Chaillot, em Paris –, as exposições temporárias desse museu participam de interesses renovados relativamente à coleta, apresentação e estudo dos objetos primitivos, assim como de um gosto mundano e, ao mesmo tempo, popular, cujo símbolo é a figura de Joséphine

Baker, considerada a primeira grande estrela negra das artes cênicas. A realização das primeiras grandes experiências de campo da antropologia francesa – as expedições Dacar-Djibuti (1931-1933) e Saara-Sudão (1935) – acarreta um fluxo maciço de objetos, enquanto a convicção de que os materiais do etnólogo podem enriquecer tanto a criação contemporânea quanto a reflexão dos filósofos nutre o lançamento da revista *Documents*, fundada em 1929, e na qual são publicados textos de Carl Einstein, Georges Bataille, Michel Leiris, Marcel Griaule, entre outros.

G.-H. Rivière dirige, em seguida, o Musée National des Arts et Traditions Populaires (ATP [Museu Nacional das Artes e Tradições Populares]), criado no 1º de maio de 1937, e assume uma atividade regular de museólogo como empreendedor de trabalhos coletivos, até a construção de um novo prédio, em 1972, na orla do Bois de Boulogne, em Paris. A museografia vanguardista – puritana sem deixar de ser elegante – inventada por ele nessa ocasião serve de modelo para uma geração de museus regionais; ela deve corresponder, em princípio, a uma cientificidade rigorosa, garantida pelas pesquisas empreendidas no âmbito de um laboratório do CNRS, o Centre d'Ethnologie Française [Centro de Etnologia Francesa]. Uma vez aposentado, Rivière imagina o conceito inédito de "ecomuseu": para alguns, verdadeira ruptura com seu estabelecimento; para outros, continuação de formas de "folclorismo" anteriores. Até sua morte, em 1985, ele exerceu uma influência considerável nas instituições internacionais e contribuiu para a difusão de uma abordagem francesa em relação ao museu de sociedade**, marcada tanto por sua estética quanto pelo discurso que a acompanha.

---

* Fundada em 1882, esta *école* é um estabelecimento de ensino superior que oferece cursos de história da arte, arqueologia, epigrafia, história das civilizações, antropologia e museologia. (N.T.)

** A expressão "museu de sociedade" é utilizada para designar, na França – inclusive, do ponto de vista administrativo –, os museus de etnografia regional, ecomuseus e afins (com exclusão dos museus de Belas-Artes e de Ciências). Cf. BARBUY, 1995. (N.T.)

As funções do museu

A definição de um museu culmina, classicamente, na enumeração de suas funções. Um *Manifesto*, publicado em abril de 1970, pelo futuro presidente da Associação Americana dos Museus Joseph Veach Noble identificava cinco funções: colecionar, conservar, estudar, interpretar e expor. O museólogo holandês Peter Van Mensch prefere evocar somente três: preservar, estudar e transmitir.

A conservação

O vínculo entre museu e conservação foi determinante para a emergência e o desenvolvimento da instituição. Alguns museus foram fundados para evitar dispersões, ou seja, para garantir uma conservação patrimonial pública; assim foi a estatização da coleção dos Médicis, após a morte do grande duque Gian Gastone (1671-1737), que abriu a via à conservação museal moderna dos *Uffizi*, cuja galeria acolhe os visitantes, em horários regulares, desde 1789.

O princípio de inalienabilidade das coleções públicas orienta a maior parte dos museus europeus. Nos EUA, a possibilidade para os museus de vender uma parte de suas coleções – o *deaccessionning* – nunca foi isenta de polêmicas (WEIL, 1995). Tal prática suscitou uma reflexão ética entre os profissionais; além disso, alguns acontecimentos recentes revelaram que tais vendas, realizadas com maior ou menor urgência, podem levar a decisões que comprometem o valor do museu, enquanto outras servem de forma eficaz a uma reorientação de seus objetivos – o que os museus do Velho Mundo realizam, se esse for o caso, por meio de relegações maciças para a reserva, ou graças a mudanças que dissimulam a falência de um estabelecimento e legitimam novas compras, ao mesmo tempo que um novo ponto de partida.

Os museus representam depósitos de valores que acabam servindo de referência: sua história foi marcada assim por numerosos debates a propósito dos tipos de coleções que eles poderiam, legitimamente, possuir e apresentar ao público. Mas enquanto a musealização contemporânea se exerce, daí em diante, sobre toda espécie de artefato, do esboço ao fragmento, a exigência ética em matéria de coleções foi incrementada em relação aos séculos passados: o Museu do Quai Branly[2] foi denunciado na cena internacional por ter comprado peças cuja saída tinha sido impedida, oficialmente, pela Nigéria, mas se encontravam disponíveis no mercado. O direito de propriedade dos museus – que, outrora, estava submetido totalmente ao arbítrio do governante – tornou-se, a partir da segunda metade do século XX, um assunto complexo que serviu de pretexto a reivindicações tanto em escala internacional quanto no seio de certos Estados pluriculturais e, daí em diante, é regido pelo princípio das identidades culturais.

O museu pode mobilizar duas molas propulsoras bastante diferentes: o encantamento diante da obra ou do objeto completamente fora de seu contexto, ou sua exposição em paralelo com saberes e experiências (KARP; LAVINE, 1991). O museu de maravilhas requer obras fascinantes, obras-primas famosas ou singularidades notáveis que são oferecidas à admiração ou ao espanto do espectador: ele é o lugar de revelações mais ou menos aguardadas ou previsíveis, que devem fazer surgir diversas significações. Essa tradição evoca os gabinetes de curiosidades encarregados de mostrar o mundo a seus visitantes. O museu, cujo princípio se apoia em estabelecer ressonâncias, expõe ao contrário objetos ou obras que dão testemunho de referências compartilhadas. A coleção remete a um *corpus* erudito que induz a uma iniciação, a conhecimentos suscetíveis de serem ampliados, segundo os princípios de uma museologia surgida no decorrer das décadas 1920-1930, mas cujas diretrizes remontam aos museus didáticos do século XIX, os quais chegavam inclusive a utilizar reproduções de artefatos exteriores a suas coleções.

---

[2] Ou Musée des Arts et Civilisations d'Afrique, d'Asie, d'Océanie et des Amériques [Museu das Artes e Civilizações da África, Ásia, Oceania e Américas]. Foi inaugurado em 2006, próximo à Torre Eiffel; seu acervo constituiu-se a partir de antigas coleções de etnologia do Musée de l'Homme [Museu do Homem] e do Musée National des Arts d'Afrique et d'Océanie [Museu Nacional das Artes da África e da Oceania]. (N.T.)

O estudo e a pesquisa

A pesquisa erudita constitui, em princípio, a finalidade das aquisições, das exposições e de toda a atividade documental que lhes são inerentes. Os conhecimentos produzidos no museu estão associados tanto à coleção quanto à equipe de conservação; além disso, a importância de tal saber varia em função da qualidade destas. Na tradição de descrição das obras ou dos objetos em geral, a preocupação erudita culmina, antes de tudo, na realização de catálogos – mesmo que numerosos museus não disponham dessas publicações, em particular, para certos tipos de coleções (arqueologia). Sua produção, apresentada geralmente em versões mais ou menos ilustradas e dispendiosas, acompanha a abertura dos museus públicos através da Europa. Ela pode ser uma questão de Estado ou, no mínimo, uma iniciativa da própria instituição ou, ainda, depender de um empreendimento comercial lançado por um *marchand*-livreiro, um perito independente, uma equipe de desenhadores, redatores e gravadores, vinculada a uma empresa tipográfica. O Museu Pio-Clementino, no Vaticano, dota-se a partir de 1782 de um catálogo exemplar, terminado em 1807, ao encargo de Giovanni Battista e Ennio Quirino Visconti. O grande catálogo da Galeria do Eleitor Palatino, em Dusseldorf, é publicado em 1778, em Basileia, pela empresa de Christian von Mechel.

Na França, no momento da fundação de museus departamentais, sob a Revolução, o catálogo responde a um imperativo, a um só tempo, político e erudito: a realização de tais obras parece indispensável ao inventário patriótico das riquezas do país, mas faz parte também da agenda de uma democratização dos saberes e do gosto, única capaz de acabar com o vandalismo. Mais adiante, no século XIX, essa mesma exigência se encontra no decorrer dos processos de unificação nacional: assim, o perito Giovan Battista Cavalcaselle defenderia, em 1863, junto ao ministro da Instrução Pública, a causa dos catálogos de museus como um dos cimentos da unidade italiana e da fabricação dos italianos.

A história dos catálogos de museus coincide, posteriormente, em larga medida com a história do livro de arte e da fotografia e, hoje em dia, do CD-ROM e dos procedimentos de estocagem e duplicação. Segundo as tradições nacionais e as circunstâncias próprias a cada estabelecimento, a introdução e a gestão desses meios de reprodução têm apresentado modalidades extremamente diferentes. No Louvre, no decorrer do século XX, as fotografias foram encomendadas a diversos agentes de intervenção oriundos do exterior, enquanto seu arquivamento permanecia, na maior parte das vezes, errático, confiado à iniciativa de um ou outro encarregado de missão benévolo. Hoje em dia, as campanhas científicas dependem ainda de iniciativas de conservadores mais ou menos eruditos ou dinâmicos, de tradições nacionais, além de levarem a empreendimentos dificilmente acumuláveis mesmo que, aqui e lá, a cooperação reúna serviços especializados de museus – por exemplo, em matéria de restaurações – em torno de projetos documentais homogêneos em suas convenções de coleta e em seus processos de consulta.

A pesquisa tem sido frequentemente identificada de maneira equivocada no âmbito dos museus franceses: a evocação ritual da figura de Georges-Henri Rivière era suficiente para manifestar o vínculo da instituição com o CNRS [Centre National de la Recherche Scientifique / Centro Nacional de Pesquisas Científicas], enquanto a publicação de abundantes catálogos de exposições monográficas permitia tirar a conclusão de que existe uma hegemonia de fato dos conservadores sobre a história da arte nacional. Há pouco, a metáfora do museu-empresa se sobrepôs amplamente às outras definições da instituição, no nível da administração central, enquanto as associações científicas promovidas precedentemente por diversos museus acabavam por se dissolver. Assiste-se, hoje, a uma ênfase atribuída às preocupações de pesquisa no cerne dos museus: somente o futuro poderá dizer se essa postura tem a ver com uma boa intenção ou é o anúncio de um *aggiornamento* decisivo, favorecido pela saída de funcionários que atingem a idade da aposentadoria. As novas instituições do INHA,[3] do Museu do Quai Branly e, talvez, do Musée des Civilisations de l'Europe et de la Méditerranée [Museu das Civilizações da Europa e do Mediterrâneo] carregam desse ponto de vista as expectativas dos museus da França no sentido de estabelecer uma relação autêntica com a pesquisa universitária, nos planos nacional e internacional. Semelhante realização não exige nada menos que uma revolução, tanto na formação profissional dos conservadores, regulada até aqui por disposições e práticas alheias aos trabalhos acadêmicos, quanto na vida cotidiana dos estabelecimentos.

A comunicação: da exposição à transferência de conhecimentos

No final do século XIX, o museu começa a participar de manifestações temporárias, dedicadas ao reexame de mestres antigos. A legitimidade desses "museus efêmeros" (HASKELL, 2002) – segundo a expressão forjada por Francis Haskell – consiste em oferecer condições de visibilidade e de estudos inéditos, facilitando a comparação, a síntese e a revisão, se esse for o caso, dos saberes comuns e das ideias preconcebidas. O visitante é então convidado a partilhar os debates de especialistas: tendo-se tornado comissários de exposição, os conservadores, ao elaborar semelhantes iniciativas, procuram antes de tudo a apreciação de seus pares. Hoje, mesmo que a tradição francesa das exposições de arte tenha conservado amplamente a conformidade com o procedimento monográfico, as exposições temáticas não deixam de conhecer um grande desenvolvimento.

Nos museus de ciências, o uso de dispositivos interativos ou de contextos explicativos aparece no período entre as duas guerras, a começar pela Europa e, em seguida, nos EUA. O Museu de Ciência e de Indústria de Chicago inaugura, em 1933, uma réplica de poço de mina, cujo sucesso nunca chegou

---

[3] Sigla de Institut National d'Histoire de l'Art [Instituto Nacional de História da Arte], criado em 2001 com a missão de desenvolver a atividade científica – pesquisa, formação e difusão dos conhecimentos –, além de contribuir para a cooperação científica internacional no campo da história da arte e do patrimônio. (N.T.)

a ser contestado. O diorama tradicional parece ter alcançado seu máximo desenvolvimento no decorrer da década de 1940, mas passa por uma notável renovação nos anos 1970, em particular, no Royal British Columbia Museum, em Victoria (Canadá), graças à mudança de escala e à abertura direta para o visitante que se desloca no interior do dispositivo e tem a possibilidade de imergir nele. Assiste-se, com os percursos de cenários em trens, com as experiências de guerras ou de sismos, à entrada dos dispositivos dos parques de atração no interior dos museus, assim como à mobilização dos recursos do teatro e do espetáculo ao vivo. Mas pode-se igualmente imaginar – como é o caso da Grande Galeria da Evolução no Muséum d'Histoire Naturelle [Museu de História Natural] de Paris – uma museografia de imersão, a um só tempo informativa e emocionante.

A reviravolta de museus enquanto depósitos [*dépôts*] para museus como *expôts*[4] leva determinados estabelecimentos – cuja influência estava associada tradicionalmente à qualidade, à raridade ou à exaustividade de suas coleções – a adquirir daí em diante sua notoriedade pelas manifestações temporárias que eles organizam, permitindo-lhes exprimir um ponto de vista, uma originalidade. Outrora, a exposição encontrava suas características no museu que a montava; hoje, a exposição é capaz também de conferir ao museu seu caráter emblemático. A entrada das exposições na era da cultura de massa deu lugar a um neologismo anglófono, o *blockbuster*, associado tradicionalmente à exposição de 1976, dedicada aos "Tesouros de Tutancâmon", que reuniu 8 milhões de visitantes nos seis museus da América do Norte em que ela havia sido apresentada. Semelhante sucesso conduziu, mais recentemente, ao desejo de renovar a experiência mediante os contratos assinados entre o Egito e alguns museus norte-americanos. O caso do Museu de Agde[5] mostra, aliás, como

---

[4] *Expôt* é um termo genérico que designa qualquer objeto ou documento apresentado à vista do público (do inglês, *exhibit* = objeto exposto).

[5] Agde, situada à beira do Mediterrâneo, tem cerca de 25.000 habitantes; no entanto, durante o período estival, o número de veraneantes pode elevar-se a 200.000. (N.T.)

uma pequena cidade pode ocupar uma posição singular nas grandes exposições, graças ao gosto pela egiptologia: de 1998 a 2000, três exposições acolheram, de cada vez, em torno de 180.000 visitantes, mas deixaram o museu em crise. O risco é o de ver, com efeito, a coleção permanente encontrar-se em uma situação de quase abandono, enquanto as preocupações da indústria cultural ditam suas leis às exposições. Contudo, a exposição implica a credibilidade do museu, sua responsabilidade social. Em 1984, o relatório da Comissão Americana sobre os Museus do Novo Século afirmava que "é necessário reconhecer a força da exposição... Se esta é um meio tão preponderante, é porque sua mensagem é afiançada por uma instituição, cuja autoridade é perceptível".

3. MUSEUS FRANCESES COM MAIOR NÚMERO DE VISITANTES EM 2006

	Total de entradas
Musée du Louvre	8.314.000
Versailles	4.742.000
Musée d'Orsay	3.009.000
Musée National d'Art Moderne [Museu Nacional de Arte Moderna]	1.120.000
Musée de l'Armée [Museu das Forças Armadas]	1.100.000
Musée du Quai Branly	952.000
Musée Carnavalet	797.000
Petit Palais, Musée des Beaux-Arts de la Ville de Paris [Museu das Belas-Artes da Cidade de Paris]	793.000
Musée d'Art Moderne de la Ville de Paris [Museu de Arte Moderna da Cidade de Paris]	778.000
Grande Galeria da Evolução [Muséum d'Histoire Naturelle de Paris]	643.000
Musée National Auguste Rodin	611.000
Musée National Picasso	501.000

> **Galeries Nationales du Grand Palais**
> 890.000 entradas nas exposições

> **Centre National d'Art et de Culture Georges-Pompidou**
> 5,1 milhões de entradas
> Exposições: Mouvement des images
> [Movimento das imagens]   915.000 entradas
> Yves Klein   376.000 entradas

> **Cité des Sciences et de l'Industrie**
> [Cidade das Ciências e da Indústria]
> 3 milhões de visitantes, dos quais
> 2,6 milhões de entradas pagas
> Exposição Star Wars: 725.000 entradas

Fonte: Ministère de la Culture et de la Communication.

Em um tempo em que a exigência da exposição se assimila a um direito democrático, a reserva de museu – que não deixa de ser requerida pela necessidade de estocagem – parece materializar um confisco intolerável. Houve mesmo quem se divertisse, em determinando momento, em imaginar que a abertura de reservas dos museus parisienses, situadas na periferia da cidade, poderia contribuir utilmente para sua democratização. Com toda a evidência, tal postura remete a uma inspiração de índole antropológica: as campanhas publicitárias destinadas a incentivar as visitas aos museus, no decorrer dos últimos dez anos, servem-se da promessa de revelar o segredo das reservas – por ocasião de jornadas específicas – como se se tratasse do último argumento. Além desse registro museográfico sob a forma de descoberta do tesouro – aliás, fórmula utilizada abusivamente por alguns estabelecimentos –, a questão das obras não expostas é uma preocupação legítima.

4. AS PROFISSÕES DA EXPOSIÇÃO

Alguns profissionais pouco conhecidos do público têm desempenhado um papel considerável na fisionomia dos estabelecimentos contemporâneos. Seria impossível, portanto, superestimar o papel dos responsáveis pela iluminação, dos arquitetos-consultores e de outros especialistas que, por incumbência da diretoria dos Museés de France, prestam assessoria aos conservadores de museu. Uma geração inteira de museografias, mais ou menos modestas – a tela de juta dos anos 1970-1980 –, resulta de tais escolhas. Além disso, algumas personalidades têm disseminado, em todo o mundo, determinadas competências e abordagens metodológicas, conferindo aos museus em que trabalharam uma inspiração comum, para não dizer, um aspecto familiar.

O museógrafo Pierre Catel – formado por G.-H. Rivière nos idos de 1968, autor de uma série de exposições marcantes no decorrer da década de 1970 (tais como *Mari et femme dans la France rurale traditionnelle* [Marido e mulher na França rural tradicional] no Museu das ATP, com Martine Segalen) – deixou a instituição para fundar uma empresa de museografia que, em seguida, empreendeu intervenções em cerca de quarenta museus em todo o mundo. Suas proposições têm sido adotadas, particularmente, no Brasil: no Rio de Janeiro, o projeto museográfico da Casa França-Brasil; em Ouro Preto, a reforma do Museu da Inconfidência; ou, em Belo Horizonte, o Museu de Artes e Ofícios (CATEL, 2005). Desde a instalação do Ecomuseu da Camargue,[6] no decorrer da qual os habitantes e as comunidades presentes nesse território foram, pela primeira vez, levados em consideração, até os museus brasileiros da história das migrações, sua oferta de mediação se inscreve em certa continuidade de inspiração.

Jean-Jacques André, que serviu como perito em operações de formação dos museus canadenses, começou por ser diretor de exposições no Royal British Co-

---

[6] Região situada entre os dois braços principais do delta do rio Ródano, no Mediterrâneo, que é importante reserva biológica. (N.T.)

lumbia Museum, na década de 1970, além de ter sido em grande parte responsável por seus célebres dioramas, tanto meticulosos quanto espetaculares. Em 1982, ele fundou uma empresa em Victoria (Canadá) e oferece uma gama completa de intervenções: desde a realização de exposições, *design* gráfico e multimídia, interpretação na conduta de projetos, até a administração e o *marketing*. Em mais de 70 museus e centros de interpretação*, sobretudo, através do Canadá, ele define uma história ou um tema capazes de estruturar, para o visitante, os percursos de ambientes construídos de maneira bastante realista. Entre essas reconstituições abertas, muitas vezes em tamanho natural, a galeria das *Premières Nations* [Primeiras Nações], criada em 1975, em Victoria, relata a história dos aborígenes antes e após o contato com os europeus, graças à encenação de manequins em torno de diferentes atividades de coleta, caça e pesca, em sequências sonorizadas.

Ralph Appelbaum, instalado em Nova York, mas com escritórios em Londres, Pequim e Washington, está à frente de uma firma fundada em 1978 que se reivindica como a primeira do mundo em museografia de interpretação. A empresa é, em particular, responsável pelo conjunto, ou por algum setor, de museus emblemáticos: Museu do Holocausto, em Washington; sítio histórico de Ellis Island; sala dos fósseis do Museu de História Natural de Nova York; Museu da Pré-História de Taiwan. Entre eles, o originalíssimo Museu da Língua Portuguesa, em São Paulo, inaugurado em 2006 pelo ministro-cantor Gilberto Gil, é um museu virtual que combina a arte, os meios técnicos e a interatividade para abordar todos os aspectos de uma língua, além de assumir, muitas vezes, a forma de um fórum público.

Edwin Arthur Schlossberg, fundador e proprietário de ESI Design, é outro museógrafo dotado de ambição internacional, com sede em Nova York, e especializado na elaboração de exposições interativas, entre as quais a do Brooklyn Children's Museum, em 1977. O American Family Immigration History Center, em Ellis Island, ilustra a instalação, a partir de um banco de dados, de um dispositivo que permite ao visitante procurar seu eventual antepassado, para a maior glória da família norte-americana.

Yves Devraine (1939-2008) ocupou-se da realização dos pavilhões da França em diversas Exposições Universais, além de ter concebido os Archéoscopes, centros de interpretação em vários locais históricos (no Mont-Saint-Michel e em Carnac). Cenógrafo do Mémorial de Caen,[7] ele modelou em grande parte, além da configuração dos espaços e da escolha dos audiovisuais, o conjunto do projeto. Ele foi também responsável pela concepção do Centro da Memória do vilarejo-mártir de Oradour-sur-Glane,[8] inaugurado em 12 de maio de 1999, e cujas lâminas de aço sobre a cobertura-átrio estão incumbidas de simbolizar "as feridas indeléveis deixadas por todos os genocídios".

> * Podem ser considerados como derivações dos ecomuseus, sem que haja nenhum compromisso com a produção de conhecimento em torno de acervos e, muito menos, com sua preservação; portanto, não são, nem pretendem ser, museus. Seu único objetivo consiste em organizar exposições pedagógicas (cf. BARBUY, 1995). (N.T.)

Algumas realizações do decênio 1960-1970 imaginaram uma total acessibilidade: as *cinacothèques*, da primeira fase do

---

[7] Inaugurado em 1988 nessa cidade próxima das praias do desembarque das tropas aliadas, em 6 de junho de 1944, a temática desse museu que aborda a história do século XX – os dois percursos museográficos permitem abranger os anos 1918 a 1989, do Tratado de Versalhes até a queda do Muro de Berlim – é inteiramente voltada para a paz. (N.T.)

[8] Em 10 de junho de 1944, 642 habitantes dessa aldeia, entre os quais 452 mulheres e crianças – de um total de pouco mais de mil habitantes –, foram mortos pelas Waffen-SS, em algumas horas; tendo sido pasto das chamas ateadas por esses militares, o vilarejo não foi reconstruído a fim de que suas ruínas permanecessem como um memorial à crueldade da ocupação nazista na França. (N.T.)

Centre Pompidou / Beaubourg, em 1977, eram painéis versáteis que o visitante podia manipular, segundo sua vontade, para conhecer obras não expostas. A utopia de reservas suscetíveis de serem visitadas ou de um *continuum* entre o museu e as reservas em nome da comunicação parece renascer nos dias de hoje: tendo sido construído entre 2000 e 2002 pela empresa dos arquitetos J. Herzog e P. de Meuron, em Basileia, o Schaulager – neologismo que significa "armazenar com a finalidade de mostrar" – é acessível aos pesquisadores e coloca à sua disposição as obras da Fundação Emanuel-Hoffmann, criada em 1933, que não estão expostas nos museus municipais. Seu recente programa de exposições revela que essa reserva, sob a fisionomia espetacular de abrigo ctoniano, tende a converter-se em um museu.

As características fundamentais da instituição

Face às mutações aceleradas do museu, o conservador e o historiador de arte Michael Conforti evoca quatro elementos de estabilidade. O primeiro tem a ver com a definição das missões no momento da fundação de cada estabelecimento; essa espécie de estatuto – seja ele exigido de forma explícita pelos sistemas de gestão administrativa ou pelas fundações e outros dispositivos de apoio financeiro, seja imposto pelos fundadores – fornece o quadro intelectual e, até mesmo, estético ou temático das ambições museais. A segunda obrigação refere-se à estrutura administrativa e profissional do museu, tratando-se seja de *trustees* ou de funcionários, que implica um código ético e uma prática de organização. A terceira característica é a natureza das coleções permanentes, na medida em que esta dá testemunho – muitas vezes, para sempre – dos valores que reinavam no momento de sua aquisição ou doação e vai exercer influência sobre qualquer tentativa no sentido de reorientar a instituição, de lhe atribuir, se for o caso, uma nova pertinência. Enfim, o último fator é o prédio, que, por sua arquitetura, manifesta os desígnios iniciais e impõe certa disposição e, até mesmo, um percurso, que as adições, remodelagens ou reconstruções ulteriores podem alterar sem que eles venham a desaparecer completamente.

A reorientação bem-sucedida de um museu, hoje, mobiliza o conjunto desses elementos de maneira negociada, enquanto a liquidação pura e simples do acervo (vendido ou colocado em reserva) ou a mudança para um novo edifício dissimula frequentemente o fracasso do museu de origem e a incapacidade de garantir sua transformação. Desse ponto de vista, o retorno sobre si permite tomar consciência da antiga aposta da fundação, da evolução das missões, da eventual discrepância entre as coleções, do que pode ser esquecido e do que deve ser mantido nas exposições. Tal é a perspectiva de numerosos museus franceses por ocasião de suas recentes renovações ou, ainda, das homenagens prestadas pelos museus de arte moderna a seus grandes conservadores (Alfred Barr, Willem Sandberg, Pontus Hulten...). O desafio a enfrentar pelo museu consiste em manter sempre viva uma contribuição para a fisionomia cultural da região, em vez de inscrever seu projeto em uma arqueologia do colecionismo.

Capítulo II

O espaço e o tempo das coleções

∾

As primeiras tipologias de coleções datam das origens da museografia, isto é, da época moderna, tanto na Itália (IMPEY; MCGREGOR, 1985), quanto na Europa do Norte, nas obras de Quiccheberg, Major, Valentini e Neickelius (SCHULZ, 1990). Mas a grande diversidade dos museus do século XXI, fomentada pelo crescimento das fundações, torna impossível esgotar daqui em diante todas as suas categorias. Em 1969, o Relatório Belmont, publicado pela American Association of Museums, havia recenseado 84 espécies de museus, resultado de um duplo movimento que, posteriormente, não cessou de crescer: a criação *ex nihilo* de museus inéditos quanto a suas coleções ou a seus temas, assim como a proliferação dos museus tradicionais, alimentada pela aceleração da história. Assim, haveria um número cada vez maior de museus monográficos, oriundos de uma população crescente de artistas ou de heróis diversificados sem ter passado por um longo purgatório histórico, enquanto os museus universais, longe de renunciar à sua ambição, perseguem cotidianamente com maior empenho seu desígnio de exaustividade.

Entre passado e presente: representar a construção das pátrias

Os museus de história se inscrevem comumente em uma perspectiva identitária para defender uma convicção, uma nação ou comunidades. Seu rápido desenvolvimento na Europa no decorrer do século XIX parece estar relacionado com os momentos de maior intensidade de fervor patriótico, enquanto sua relativa discrição no final do século XX corresponderia ao decréscimo de tal sentimento. Em compensação, os EUA conhecem, desde meados do século XX, uma proliferação de museus e de sítios históricos, incumbidos da missão de representar outras tantas memórias específicas, na diversidade das origens mobilizadas. Enfim, algumas museografias históricas se orientam, mais ou menos explicitamente, a partir de uma relação aos valores: tal é a inspiração, oriunda do norte europeu, do museu Mémorial pour la Paix (Memorial em favor da Paz; cf. 4. As profissões da exposição, p. 29), inaugurado em 1988, em Caen (França), o que vai suscitar forçosamente dificuldades em relação a uma leitura "pacificista" do contemporâneo.

5. DO ENCICLOPEDISMO À ESPECIALIZAÇÃO: A INVENTIVIDADE TIPOLÓGICA

O Museu Correr, em Veneza, dá testemunho de uma evolução comum a numerosos estabelecimentos europeus. Ele deve seu nome a Teodoro Correr (1750-1830), descendente de uma família nobre veneziana que legou à cidade todas as suas coleções – milhares de peças de toda natureza, cujo valor histórico ou artístico é mais ou menos elevado –, assim como a sua casa no Grande Canal, primeira sede do museu aberto ao público, em 1836. Como o espaço se revelou rapidamente acanhado, as coleções são transferidas, em 1880, para um pequeno palácio; daí em diante, elas evocam a grandeza do passado à luz do *Risorgimento*. Em 1922, o museu é instalado na Praça de São Marcos como "Museu da Cidade e da Civilização Veneziana". Mas, em 1936, a seção dedicada ao século XVIII forneceu pretexto para a criação do Museu de Ca' Rezzonico; o material teatral – sobretudo, livros – é enviado, em 1953, para a casa de Goldoni, em San Polo (biblioteca, arquivos, lembranças históricas); as coleções de cristais antigos e modernos juntam-se, em 1932, ao acervo do Museu de Murano para criar o Museu do Vidro de Murano; enfim, as coleções contemporâneas são reunidas na Galeria Internacional de Arte Moderna de Ca' Pesaro, enquanto o acervo de tecidos e vestuário antigos é exposto no Centro de Estudos da

> História dos Tecidos e Trajes na Ca' Mocenigo, em San Stae. Mesmo que o museu pretenda afirmar-se, na década de 1990, como a base da descoberta da cidade, de acordo com o *slogan dal Museo alla Città*, ainda será necessário especializar-se, eventualmente, como "museu de cidade" – à semelhança, por exemplo, de Amsterdã, *alter ego* de Veneza no século XVII, que dispõe atualmente de um museu de cidade que é exemplar em todos os aspectos.

O primeiro museu francês de história nacional

O intercâmbio entre a erudição e a forma museal começa no início do século XIX com a identificação do historiador com o especialista da Antiguidade que põe termo à separação tradicional entre uma curiosidade à procura de objetos que acaba elaborando nomenclaturas privadas de discurso ordenado e uma narrativa de historiador limitada à reescrita de histórias políticas precedentes. A síntese é realizada, a partir de 1830, em torno da História da França e fornece gradualmente a seus visitantes uma experiência comum.

O primeiro museu desse tipo é o Musée des Monuments Français [Museu dos Monumentos Franceses], instituição emblemática dos anos 1795-1815, na qual o jovem Jules Michelet (1798-1874) tomou o gosto pela história: o conservador pretendia representar nesse espaço a História da França, desde as origens até sua época, graças a um passeio didático que terminava em uma sala do século XIX, cujo objetivo consistia em acolher, segundo os projetos, seja os moldes dos monumentos encomendados por Napoleão, imperador dos franceses (1804-1814 e 1815), seja as lembranças da expedição do Egito (1798-1799).

> **6. O MUSÉE DES MONUMENTS FRANÇAIS OU O MUSEU DA RESSURREIÇÃO**
>
> Na origem, simples depósito de obras provenientes das igrejas parisienses, este acervo, instalado no antigo

Convento de Petits-Augustins, torna-se um museu graças à habilidade de seu conservador – o jovem pintor Alexandre Lenoir, por ocasião da campanha contra o vandalismo, no verão [europeu] de 1795. A remontagem dos monumentos para evitar sua perda leva, aos poucos, a elaborar um museu de história com elementos arquitetônicos, diversos mausoléus e cenotáfios, além de moldes. Um jardim interior, chamado Elysée, evoca às almas sensíveis as lembranças tanto de Heloísa e Abelardo quanto dos homens mais ilustres da França, tais como Molière, La Fontaine, Boileau e Racine.

A perspectiva do estabelecimento consiste em oferecer, "de relance, a infância da arte entre os godos, seu progresso sob Luís XII e sua perfeição sob Francisco I, a origem de sua decadência sob Luís XIV e sua restauração no final do nosso século", de acordo com uma classificação "por período e por ordem de data, ou seja, em outras tantas peças separadas que a arte nos oferece de épocas notáveis". A suposta gradação das artes, do bárbaro ao aperfeiçoado, traduz-se por uma museografia espetacular que se serve do acréscimo da luz, das sombrias salas medievais à claridade clássica, "como se a vista do sol fosse conveniente apenas para o homem culto". A lição filosófica do museu consiste em ilustrar como "o trabalho dos homens envolvidos com as Belas-Artes só pode ser um reflexo do que se passa na sociedade e do que existe na natureza, mais ou menos modificado", demonstrando que "a história da arte está vinculada necessariamente à história política" (LENOIR, 1810).

Desse modo, o estabelecimento promove a vinculação entre o respeito pelo Belo ideal, o princípio de uma história cíclica, mais ou menos combinada com o sentido de progresso, e uma lição subjacente sobre a regeneração das sociedades pela iniciação aos verdadeiros princípios espirituais – egipcíacos ou maçônicos. Herdeiro *de facto* do episódio de vandalismo, exposto às críticas acirradas de Quatremère de Quincy (1755-1849) – o qual, nesse espaço, reconhece tudo o que ele abomina e, em primeiro lugar, a negação do destino das obras –, o acervo desse estabelecimento é disperso após os Cem Dias.[9] Sua influência sobre a museologia da primeira metade do século XIX é profunda: a começar pelo Museu Soane em Londres aos museus, na Alemanha ou Dinamarca, de arqueologia nacional, passando por Cluny* – aliás, um dos planos de sua reorganização se deve a Albert Lenoir, filho de Alexandre.

> * Conhecido, hoje, como o Musée National du Moyen Âge [Museu Nacional da Idade Média] e fundado em 1843, ele é dedicado à preservação de um rico acervo de arte medieval. Cf. "O museu romântico", p. 39. (N.T.)

O museu romântico

Outro tipo de museu de história ilustra a diferença dos tempos: o passado parece narrar-se a si mesmo em uma encenação da cor local. A instalação sugestiva concebida pelo colecionador Alexandre du Sommerard (1779-1842) no Hôtel de Cluny (no caso concreto, o quarto de Francisco I) tem a ver com essa estética – mais tarde, triunfante nos *period-rooms* dos museus ingleses, alemães e norte-americanos – que procura uma restituição mimética. Além disso, Cluny é também um museu de sítio histórico, com as Termas, e tornou-se um bem público após sua aquisição pela administração dos monumentos históricos.

O Museu de Versalhes – imaginado pelo rei Luís Filipe e qualificado por Victor Hugo, por ocasião de sua inauguração em junho de 1837, como "magnífica encadernação" da História da França – pretende mostrar a continuidade da França antes e depois da Revolução, a partir de sua Fundação por Clóvis até a chegada ao trono da dinastia de Orléans. As encomendas feitas aos artistas para as grandes galerias correspondem à convicção comum de que a arte, para citar o escultor

---

[9] Período entre 20 de março e 22 de junho de 1815, no decorrer do qual o imperador Napoleão retomou o poder. (N.T.)

David d'Angers (1788-1856), é o arquivista dos povos, incumbido de "legar ao futuro os gloriosos anais da humanidade". De acordo com a acertada observação de Augustin Thierry em *Considérations sur l'histoire de France* [Considerações sobre a História da França] (THIERRY, 1840), a iniciativa participa de uma política que tende, então, a "erguer, no nosso país, o estudo das lembranças e dos monumentos da pátria à posição de instituição nacional".

Paralelamente, a abertura ao exotismo, assim como às figuras dos últimos representantes de povos em risco de extinção, vai marcar empreendimentos artísticos e comerciais que participam da cultura de exposição do século XIX (Philippe Hamon). A apresentação no Museu do Louvre, em 1845, por George Catlin de seu *Musée Indien* [Museu Indiano], ou seja, uma galeria de retratos e objetos, mas também de personagens vivos, passa por ser o primeiro museu dos outros, em Paris, se deixarmos de lado as tentativas ou os projetos – acalentados pela geração a que se atribui o qualificativo de segundas Luzes, pelos ideólogos e, em seguida, pelo político influente e historiador F. Guizot (1787-1874) – de abrir na Biblioteca Nacional, ou em outro lugar, um "museu erudito de comparação etnográfica universal". Esse Museu Indiano dá testemunho, além de um gosto romântico – que teria sido compartilhado por Baudelaire, Delacroix, Gautier ou Nerval –, da importância das transferências culturais entre as duas margens do Atlântico para apreender as primeiras facetas modernas da antropologia (Daniel Fabre).

7. O MUSEU DE VERSALHES OU O MUSEU DOS ANAIS

A transformação de Versalhes em museu é a principal obra da primeira metade do século XIX liberal, de 1833 a 1847; ela se inscreve na necessidade de reemprego do palácio, reintegrado na lista civil em dezembro de 1831. Desde 1830, o *Relatório* que cria a Inspection des Monuments Historiques [Inspeção dos Monumentos Históricos] afirmava, com efeito, que "o melhor meio de conservar os estabelecimentos ainda subsistentes (consiste em) atribuir-lhes um destino". Ao ser nomeado ministro da Instrução Pública em 1832, F. Guizot desejava instalar, em Versalhes, um "grande museu etnográfico no qual seriam conservados os monumentos e os resquícios dos costumes e usos, da vida civil e guerreira, em primeiro lugar, da França e também de todas as nações do mundo"; essa perspectiva, que evoca sem dúvida os projetos anteriores dos ideólogos, é ofuscada pela iniciativa do rei Luís Filipe. Versalhes deve apresentar, "à França, a reunião das lembranças de sua história": "Os monumentos de todas as glórias nacionais (serão) expostos nesse espaço", "rodeados assim pela magnificência de Luís XIV", a fim de celebrar "a grandeza da França e o esplendor da Coroa". O projeto entrelaça, de maneira exemplar, a evocação do passado e os interesses de erudição relativamente às capacidades com a preocupação de governar a opinião. Esse programa se inscreve na longa duração das galerias de retratos à disposição do Príncipe, completando ao mesmo tempo sua iconografia tradicional com cenas até então negligenciadas, tal como o batismo de Clóvis*. O rei burguês pretende ser também o herdeiro dos museus revolucionários, nomeadamente o de Lenoir, vinculando a glória dos cruzados à dos revolucionários de 1789 e de 1830. Posteriormente, a primazia do documento original, no âmbito de uma estrita distinção de ordem historiográfica entre fontes primárias e fontes secundárias, desvalorizou algumas ilustrações; no entanto, nem todas tiveram acesso à dignidade de obra-prima. Desde Pierre de Nolhac – funcionário desse estabelecimento, em 1886, e seu conservador a partir de 1892 –, o Palácio tem sido restaurado sem interrupção, à custa dos espaços do museu. Sua reabertura não resolve as ambiguidades de sua recepção contemporânea.

* No ano 499, na catedral de Reims, enquanto rei dos francos – ato que representou o primeiro passo para a unificação da Gália. (N.T.)

O museu-ateliê da ciência

Enfim, um último tipo de museu de história é o ateliê dedicado ao futuro da ciência, e não tanto à estética da ressurreição do passado, nem ao imperativo político de ilustrar os anais do país. Assim, em 1835, Boucher de Perthes propõe a criação de diferentes museus de antiguidades francesas, galo-romanas, gaulesas e celtas; o Musée des Archives [Museu dos Arquivos], aberto em 1867, pretende ser uma escola de paleografia, do mesmo modo que o Muséeu des Antiquités Nationales [Museu das Antiguidades Nacionais], inaugurado em 1862 no Palácio de Saint-Germain-en-Laye, é um lugar de trabalho para os estudiosos da pré-história. Todos esses museus mostram um projeto erudito, o que é resumido por Boucher de Perthes quando afirma que o importante não é a própria natureza do depósito, nem seu valor, "mas as consequências a deduzir daí": trata-se, diz ele, "de um quadro para o futuro", correspondente ao ideal de uma relação laboriosa à história.

As primeiras décadas do século XIX assistem, graças ao movimento romântico, a uma busca das manifestações da diversidade da civilização: tradições nacionais, mitologias diferenciadas, legados específicos entram daí em diante no museu que vai além da exclusiva grecomania preconizada por Johan J. Winckelmann (1711-1778). Os museus de antiguidades tornam-se relativamente heteróclitos, reunindo coleções que são, ao mesmo tempo, mais recentes (da época medieval ou moderna) e predominantemente locais (relativas aos gauleses, germânicos, celtas, eslavos...), inclusive, étnicas. Paralelamente, uma perspectiva arqueológica se impõe, aos poucos, às coleções clássicas – esse é o caso dos mármores de lorde Elgin do British Museum que cessam de ilustrar uma primazia estética.

O programa do Germanisches Nationalmuseum, em Nuremberg, instalado em um antigo convento, desempenhou um papel exemplar no desenvolvimento dos museus de história e de civilização na Europa Central e Nórdica. Oriundo de um projeto que remonta a 1833, mas fundado em 1852-1853, esse estabelecimento assume três objetivos: empenhar-se na elaboração de um repertório das fontes da história e civilização alemãs, desde as origens até a metade do século XVII; criar um museu público para expor as peças notáveis desse acervo; difundir os conhecimentos junto aos visitantes – e, mais amplamente, ao público – por meio da edição de documentos originais e compêndios.

O museu das ciências sociais

No século XX, o projeto de uma "história que seja ciência social", entre colaboração e confronto das disciplinas, marcou uma considerável mudança dos interesses, assim como dos discursos eruditos. No decorrer da década de 1970, a história econômica e social e depois a história das mentalidades inscreveram-se nos novos museus de história: o Museu da Bretanha expõe, então, as sacolas contendo processos do Antigo Regime a fim de ilustrar, de maneira impressionante, a interação entre direito e poderes.

Na Grã-Bretanha, ao triunfo relativo da história "vista de baixo" das décadas de 1960-1970, acrescenta-se uma preocupação pedagógica dos estabelecimentos, em conexão com as exigências dos programas escolares. De maneira geral, os museus instalados em locais históricos, palácios ou mansões aristocráticas abrem o espaço da cozinha ou da "copa" aos visitantes: eis o que ocorre com o Museu Nissim de Camondo, que desliza, aos poucos, do museu de arte oriundo de um "colecionismo" para o museu de sítio histórico de um grande burguês parisiense.

Atualmente, a criação de museus de história do tempo presente – dedicados às guerras mundiais, ao holocausto e à reconciliação – nem sempre promoveu a colaboração afável entre conservadores e pesquisadores, entre preservação de relíquias, vontade de ilustração, desígnio monumental e turismo atraente, até mesmo quando aborda um período histórico sombrio. O colóquio organizado em Haus der Geschichte, em Bonn, pela Associação Internacional dos Museus de História, em novembro de 1996, apresenta um resumo, em suas diferentes partes, das indagações desse tipo de estabelecimentos: "Que história pode ser fabricada pelo museu?"; "Será que o

museu desempenha um papel pedagógico? um papel social?";
enfim, "O museu será um lugar propício à valorização das coleções ou um recinto de espetáculo?".

Ao lado de reivindicações militantes de memórias por parte de diversas categorias de públicos ou de comunidades, existe uma ampla demanda de comemoração de um passado privado de história, representado sob o modo da experiência compartilhada. Neste sentido, o museu deve conservar elementos do passado e, ao mesmo tempo, conferir-lhe consciência, ou seja, construir uma narrativa, sem reduzir seus visitantes ao silêncio, tampouco ceder aos perigos de uma representação demasiado empática que suscita respostas de cunho afetivo. O risco é o de representar a história de maneira "verista", tal como o Imperial War Museum, que reconstitui trincheiras da Primeira Guerra Mundial e *Blitz* da Segunda Guerra Mundial.

Lutos e reconciliações

Os múltiplos museus do Holocausto têm suscitado diferentes diagnósticos sobre a reviravolta de nossa historicidade, após o fim das perspectivas orientadas para o futuro. Além dessas leituras, a questão de sua adequação a seu objeto conduz à dialética da monumentalização e do traumatismo, da musealização e da memória viva. O desafio de expor a abjeção – e de explicá-la, ou não – orientou a museologia do Holocausto; além disso, ele continua partilhando o discurso erudito e social. Um deslocamento interessante consiste em inscrever o museu no registro do memorial, ou do teatro da memória, tal como no Museu Judaico, concebido por Daniel Libeskind, em Berlim.

Em compensação, os esforços da museografia podem ser lidos, em alguns casos, como um "fetichismo narrativo", de acordo com a expressão de Eric Santner (1992). A relação muito dolorosa – ou, do ponto de vista político, demasiado problemática – a um trauma histórico é, então, contornada pela implementação de uma narrativa que elimina tal fardo, ao simular a continuidade de uma identidade ou a integridade de uma história. A memória traumática implica distorções, disfarces e diversas permutas de seus objetos, do mesmo modo que ela se serve, às vezes, da repressão, denegação e enclausuramento. Assim, em Caen, enquanto a museografia pretende "levar a reviver" a guerra pelo recurso a todos os registros da manifestação do sensível, a destruição da cidade é, praticamente, invisível.

O objetivo político de "reconciliação" pretende encarnar-se, geralmente, em uma arquitetura altamente performática. O Museu do Apartheid, em Joanesburgo – na opinião de seu arquiteto, Joe Noero –, "procura lembrar o passado de uma forma que seja, ao mesmo tempo, familiar e assustadora". Instalado, durante uma operação de reabilitação urbana, em um local especialmente desfavorecido, esse museu oferece 12 "caixas de memória" que devem confrontar o visitante com seus sentimentos perante o horror, a ambiguidade e a complexidade, além de levá-lo a refletir sobre o racismo, a desigualdade e a pobreza. Trata-se de evitar tanto o voyeurismo, quanto o irenismo. Paralelamente, um átrio com cerca de cinquenta colunas, desenhadas por artistas, presta homenagem àqueles que sacrificaram suas vidas pela abolição do *apartheid*. Em seu duplo objetivo – comemorativo, até mesmo, de glorificação, por um lado, e, por outro, empático, para não dizer indulgente em relação às vítimas –, o museu revela de modo bem clarividente uma nova geração de instituições. Com efeito, para alguns museus, a alternativa sugerida pelo museólogo norte-americano Duncan F. Cameron, em 1971, a propósito do museu templo ou fórum, perdeu sua atualidade no sentido em que a função cívica e política é, indissoluvelmente, religiosa de celebração ou de integração: eis o que vai forçosamente suscitar novas dificuldades.

As atitudes do museu contemporâneo perante o conflito bélico – ainda, recentemente, na ex-Iugoslávia – dão testemunho das desventuras da história contemporânea e, ao mesmo tempo, de uma inovadora reflexão museológica no plano internacional. A relação entre musealização e reconciliação remete à dimensão antropológica da emoção, assim como à memória histórica, na busca de superar as dificuldades de representar a violência sofrida e sua denegação. O sofrimento, o luto, o esquecimento e a comemoração figuram, assim, com a representação das identidades e a mediação intercultural, nas preocupações mais recentes e mais complexas da museologia.

Heimat e construção nacional

Além de terrenos e teorias, a etnologia implica as modalidades de expor as coleções, assim como as escolhas museográficas que enfatizam suas molas propulsoras de natureza intelectual e política. A comparação clássica entre a França e a Alemanha mostra como o museu de etnologia assumiu formas diversas, segundo o tipo de elaboração de unidade nacional e segundo os modelos científicos implementados.

A dificuldade da construção da nação alemã no século XIX consiste em integrar os diversos Estados previamente insulados; ora, o êxito desse empreendimento está associado, talvez, não tanto à guerra franco-prussiana ou à dinastia Hohenzollern, mas ao sucesso da Heimat, da "pequena pátria" (COULANGES, 1971; CHANET, 1996), como mediador entre o local e o horizonte nacional (CONFINO, 1997). Esta fornece um contrapeso ao movimento de modernização, segundo uma lógica compensatória (LÜBBE, 1982), passando ao mesmo tempo por um grande número de remodelagens ou alterações. O crescimento considerável dos museus da Heimat, totalizando cerca de dois mil estabelecimentos no período entre as duas guerras, reflete o ativismo de patrimonializadores empenhados em valorizar a cultura de cada uma de suas pequenas pátrias no âmago de uma "nação de provinciais". Aliás, o mais notável desses museus, a Haus der Reinischen Heimat, é oriundo de uma exposição destinada a celebrar o milênio da reunião da Renânia ao Império Alemão, em 1925.

À procura da etnologia francesa

Em 1896-1899, Frédéric Mistral trabalha no Museon Arlaten – museu da Cultura Provençal em Arles, um dos primeiros museus de etnografia regional –, alimentando o desejo de ver a proliferação de semelhantes iniciativas porque "é a melhor lição de história e de patriotismo, além de apego ao solo e de piedade ancestral que possa ser dada a todos"; no entanto, estamos longe de assistir à "criação de museus de *pays*[10] em todo o território francês", para retomar a expressão que manifestava as aspirações do ideólogo regionalista Charles Brun em 1914. Por sua vez, o destino do museu de antropologia é amplamente independente de tais preocupações. O diretor do Museu de Etnografia do Trocadéro no final do século, Ernest Théodore Hamy, enumera em 1889 as diferentes funções do estabelecimento em termos "científicos (lugar de conservação e de estudo), pedagógicos (lugar de instrução para os colonos, missionários e comerciantes) e patrióticos (lugar de glorificação das façanhas nacionais e, em particular, coloniais)" (DIAS, 1991).

Se a Primeira Guerra Mundial convoca a civilização francesa contra *Kultur* alemã, a noção de cultura, oriunda das ciências sociais – e, em primeiro lugar, da antropologia –, aparece na França do período entre as duas guerras que assiste ao reconhecimento inédito das culturas populares, camponesas e operárias, associado a diversos movimentos políticos, assim como às aquisições intelectuais de uma escola de ruralistas que, a começar por P. Vidal de la Blache (o "estilo de vida") até Albert Demangeon (a tipologia das arquiteturas camponesas), fornece modelos de investigação e de interpretação.

---

[10] Um *pays* [literalmente, lugar de origem] é um "território de projeto"* caracterizado por uma "coesão geográfica, econômica, cultural ou social"; um território de ação coletiva que congrega municípios, agrupamentos de municípios, organismos socioprofissionais, empresas, associações... em torno de um projeto comum de desenvolvimento; um nível privilegiado de parceria e de contratação que facilita a coordenação das iniciativas das coletividades, do Estado e da Europa em favor do desenvolvimento local.

* A diferença em relação a outros territórios de natureza administrativa, política ou econômica reside na noção de projeto em que o aspecto prevalecente é a rede dos atores – titulares de cargo eleitoral, sociedade civil e, de maneira geral, seus habitantes – que participam nas decisões de interesse geral. Convém sublinhar que, ao termo "território", é conferido um sentido mais antropológico, ou seja, aquele que é construído por determinada população e identificado com ela; cf. BARBUY, 1995. (N.T.)

8. VIDA E MORTE DO MUSÉE NATIONAL DES ARTS ET TRADITIONS POPULAIRES

Paul Rivet (1876-1958) repensa com Georges-Henri Rivière o Musée d'Ethnographie [Museu de Etnografia] do Trocadéro para transformá-lo no Musée de l'Homme [Museu do Homem], em 1937, em uma perspectiva ambientalista do objeto no âmbito da cultura material das sociedades. Com essa orientação, Rivière imagina também para a França um museu de síntese "constituído com a ajuda dos objetos mais característicos" e capaz de "associar à apresentação das coisas, mediante o uso constante dos procedimentos museográficos mais modernos, a figuração ou a evocação das realidades sociais e das crenças, das tradições ideológicas e coletivas do povo". Esse Musée National des Arts et Traditions Populaires (MNATP) é realizado finalmente depois da guerra (1969-1972), em um edifício construído por Jean Dubuisson na orla do Jardin d'Acclimatation (Bois de Bologne, em Paris), com a intenção de "fornecer um reflexo global da cultura francesa pré-industrial". Rivière, enquanto "mago das vitrines", adota uma museografia do fio de náilon e do fundo preto, segundo um puritanismo que rejeita absolutamente o manequim, mas pretende restituir da melhor forma possível, com seus movimentos no espaço, os usos do objeto. Na Galeria Cultural, inaugurada em 10 de junho de 1975, trata-se de fazer "reviver os objetos expostos, situando-os em um contexto [...], até mesmo, integrá-los aos conjuntos nos quais eles se encontravam e que foram reconstituídos: o fogo é aceso na lareira, o pássaro é apanhado na armadilha, a ferramenta trabalha a matéria".

A preocupação arqueológica leva a rejeitar os *period-rooms* ou o recurso a evocações mais ou menos fidedignas e, se for o caso, tingidas de nostalgia: contrariamente às práticas utilizadas em um grande número de museus, a reconstituição é precedida por um trabalho científico de inventário e de desmontagem-remontagem de verdadeiras "unidades ecológicas", ou seja, de conjuntos que apresentam todos os objetos de um lugar específico, tais como eles se encontravam em seu contexto natural (o barco de Berck no litoral do canal da Mancha, a oficina de um entalhador de madeira, uma forja na região alpina de Queyras, um interior da Baixa Bretanha, etc.). Reivindicando a inspiração de Claude Lévi-Strauss, a exposição permanente insiste sobre os processos – por exemplo, aquele que leva "do trigo ao pão" – por meio do uso de objetos oriundos de diferentes regiões para prestar homenagem, de alguma forma, à França dos camponeses e artesãos.

Apesar de sua grande coerência e do elevado número de visitantes oriundos das escolas, o museu das ATP é vítima, desde o início da década de 1980, de sua localização, de um edifício que deixou de ser aprazível, de uma falta de renovação e, ainda mais grave, de uma negligência crescente da etnologia francesa tradicional no gosto do público e nas predisposições intelectuais. De fato, esse museu tem sido privado, aos poucos, da legitimidade patrimonial pela moda dos "ecomuseus", assim como pela nova política do patrimônio etnológico. Na sequência de numerosas vicissitudes, de vários relatórios cujas conclusões têm sido recusadas, e após longos anos de silêncio político, o então presidente Sarkozy anunciou, em 13 de janeiro de 2009, a fundação de um Musée des Civilisations de l'Europe et de la Méditerranée (MuCEM – Museu das Civilizações da Europa e do Mediterrâneo), em Marselha, que iria retomar uma parte das coleções; em compensação, ainda se desconhece qual será o futuro do antigo MNATP, fechado em 2005. A esse respeito, o contraste é impressionante entre o destino desse museu "de si" (das coisas francesas) e o sucesso encontrado pelo museu "dos outros" no Quai Branly, projeto respaldado na ambição de outro ex-presidente, Jacques Chirac, em nome do diálogo entre as culturas.

Entre cultura e natureza: representar o espaço social

Museu de cidade e nostalgia

A consciência contemporânea relativamente ao patrimônio urbano, em sua especificidade, aparece apenas na segunda metade do século XIX, associada ao desagrado pelo desaparecimento de uma parte do tecido tradicional; essa nova sensibilidade citadina – a do passeante [*flâneur*] – converte o museu de cidade em um empreendimento da identidade local.

Em suas *Mémoires* [Memórias], G. Haussmann – administrador do antigo departamento do Sena (1853-1870) que incluía a capital francesa – opõe às queixas estéreis, diante do desaparecimento dos velhos bairros parisienses, sua ação no sentido de conservar os restos mais interessantes; ele lembra que, por sua iniciativa, a cidade de Paris adquiriu, em 1866, o Hôtel Carnavalet para fundar nesse espaço um museu de história da cidade que deve incluir "imagens do interior das habitações, espécimes de mobiliário e de utensílios domésticos [expostos] de acordo com séries cronológicas, fazendo sobressair suas diferenças e seus progressos em diversas épocas". A originalidade do estabelecimento consistiria em proporcionar a reconstituição material da vida burguesa e popular em todas as épocas da história parisiense, além de contribuir para a educação artística dos artesãos ou operários de arte no momento em que o projeto de um museu de arte industrial está na ordem do dia. O Museu Histórico é inaugurado somente em 1º de maio de 1881: nesse ínterim, outras destruições – desta vez, revolucionárias – marcaram a paisagem e o imaginário parisienses.

A cidade de Lyon conhece uma evolução semelhante quando se desenvolvem simultaneamente, contra a renovação urbana do Segundo Império (1852-1870), algumas iniciativas de coleta do folclore, a exaltação literária das tradições e uma profusa história local. Mas foi só em 1921 que o Museu Histórico de Lyon abriu suas portas.

O tempo da história urbana

O museu de cidade pode apresentar análises recentes da história, da geografia e da sociologia urbanas; fornecer a imagem de uma idade de ouro perdida; ou, ainda, esboçar uma alternativa para o estado presente das coisas. Neste último caso, incumbe-lhe alimentar um senso da comunidade ou suscitar uma tomada de consciência política ou social. Esse papel havia sido desempenhado, muitas vezes, pelos museus de vizinhança, ou comunitários, instalados na década de 1970 na América do Norte, que pretendiam oferecer a grupos sociais ou étnicos desfavorecidos a possibilidade de (re)encontrar suas próprias culturas e assumir o controle de sua vida cotidiana (trabalho, drogas, higiene ou educação dos filhos). As novas exigências da história urbana, predominantemente social, inspiraram os museus de cidades, nas décadas de 1970-1980, em países (Canadá, EUA, Reino Unido) nos quais a museologia de interpretação estava amplamente disseminada. Em Londres, o London Museum (1975) contém uma parte notável das escavações da cidade, mas permanece famoso pelas reconstruções de lojas e fachadas vitorianas, conservando ao mesmo tempo a carruagem cerimonial do Lord Mayor, a qual não deixa de ser utilizada, anualmente, por ocasião do desfile tradicional.

Na França, se a cidade se converteu, tardiamente, em um tema de preocupação, com a criação de um ministério *ad hoc* e a reflexão sobre uma nova cidadania, os museus de cidades constituem um tipo complexo, desde o início, identificado, de maneira confusa, entre museus regionais e ecomuseus: por exemplo, *Le Roman des Grenoblois* [O romance dos habitantes da cidade de Grenoble], exposição característica de um museu de cidade, é montado pelo Musée Dauphinois,[11] em 1983, no período em que o conservador era Jean-Pierre Laurent. Posteriormente, subsistiram muitas incertezas. Em Saint-Quentin-en-Yvelines, o museu adota o qualificativo de "Museu da Cidade" e se interessa pelo patrimônio citadino em todas as suas facetas: "arquitetura, urbanismo,

---

[11] Ou seja, da província do Dauphiné, cuja capital é Grenoble. (N.T.)

história, geografia, arte pública e estilos de vida". Em Vitry-
-sur-Seine, com o MAC/VAL [Musée d'Art Contemporain du
Val-de-Marne], é inaugurado, em 2005, um Museu de Arte
Contemporânea, fruto do investimento de longa duração
do Conselho Geral do departamento de Val-de-Marne, enquanto era abandonado o projeto de um museu do subúrbio
no departamento de Seine-Saint-Denis. De qualquer modo,
quando o museu se torna um fórum dos conflitos urbanos,
desde a especulação imobiliária até a questão social, trata-
-se de se interrogar a respeito de sua legitimidade política;
a dificuldade tem a ver cada vez mais com as ambiguidades
relativamente à definição da cidade, seja em termos de grupos
sociais, de multiculturalismo ou de relação com os subúrbios.

9. A INVENÇÃO DA INTERPRETAÇÃO

O norte-americano Freeman Tilden definiu a interpretação como uma atividade educativa que pretende des-
vendar a significação das coisas e suas relações pelo uso
dos objetos de origem, pela experiência pessoal e por
exemplos, em vez de se limitar à transmissão de informações e saberes.

Uma interpretação bem-sucedida obedece a seis princípios:

1. Qualquer interpretação de uma paisagem, de uma exposição ou de uma narrativa que não faça apelo, de uma
forma ou de outra, à personalidade ou à experiência do
visitante é estéril.

2. A informação por si só não é interpretação; esta é uma
revelação baseada em informações. Essas duas coisas
são completamente diferentes, mas qualquer interpretação inclui informações.

3. A interpretação é uma arte que combina um grande
número de outras artes, independentemente do fato de
que a matéria-prima seja científica, histórica ou arquitetônica. Qualquer arte pode ser ensinada até certo ponto.

4. O objetivo principal da interpretação não consiste em
instruir, mas em provocar.

> 5. A interpretação deve tentar a apresentação de um todo, em vez de uma parte; além disso, destina-se ao homem em sua integralidade, e não a uma de suas características.
>
> 6. A interpretação para as crianças (acima de 12 anos) deve seguir uma abordagem fundamentalmente diferente, de acordo com um programa específico.
>
> Essa filosofia inspirou, em particular, Parcs Canada e sua rede, assim como a fundação de museus no Quebec, a partir da década de 1970-1980 (TILDEN, 1957; DESVALLÉES, 1992, v. 1, p. 250-251).

O museu ao ar livre (ou a céu aberto)

O museu ao ar livre constitui a inovação mais original na virada dos séculos XIX-XX. O filólogo Arthur Hazelius (1833-1901), que, através de suas primeiras pesquisas sobre as línguas, tinha tomado consciência do desaparecimento das culturas camponesas tradicionais, empenhou-se em criar um museu de etnografia nacional dedicado à vida dos povos escandinavos. Ele pretendia utilizar as coleções do Nordiska Museet, fundado em Estocolmo, em 1873, "para incentivar o sentimento nacional entre os visitantes": desse modo, serve-se de manequins para ilustrar a vida camponesa. Em seguida, Hazelius alimentou a ambição de expor não só trajes e ferramentas, mas edifícios, animais do campo e os próprios agricultores. Assim, abre-se em 1891 o primeiro Museu ao Ar Livre, em Skansen, aldeia de oficinas e atividades tradicionais, cuja animação é confiada a guias e demonstrações folclóricas. A primeira metade do século tinha conhecido a desmontagem e a transferência de peças de arquitetura, inclusive, de monumentos inteiros, assim como de amplos empreendimentos por meio de moldes – por exemplo, as peças reunidas no pátio do Victoria and Albert. Mas, em Skansen ou nas seções especializadas das Exposições Universais, trata-se de coletar os espécimes da arquitetura peculiar de cada nação, além de animá-los através da reconstituição da vida social.

Desse modo, tal museu se inscreve no horizonte de uma conservação dos "gêneros de vida" que conhece um grande desenvolvimento, principalmente, na Europa do Norte: na capital dinamarquesa, Copenhague, em 1897 (transferido para Sorgenfri, em 1901); em Oslo e Lillehammer, na Noruega, em 1902 e 1904; enfim, na Finlândia, ilha de Seurasaari (Helsinque), em 1909.

10. OS MUSEUS E O PATRIMÔNIO CULTURAL IMATERIAL

Em 1991, Jean Jamin sublinhava que "a antropologia parece ter deixado de se interessar por museus, coleções e objetos. Por uma deserção, tanto física quanto intelectual, a comunidade profissional abandonou praticamente tudo isso ou reduziu esse material a uma função comemorativa" (JAMIN, 1991). Apesar de sua validade relativamente à evolução da disciplina etnológica no seu conjunto, essa observação é particularmente pertinente no caso francês, na medida em que os etnólogos, como que paralisados pela lembrança, têm mantido relações difíceis com o legado de sua disciplina e com seus museus. As exposições retrospectivas, montadas em diversos estabelecimentos, não passaram muitas vezes de edificantes homenagens aos pais fundadores, no respeito por uma vulgata apaziguante da tradição museográfica nacional. Nesse contexto, não é sem interesse que uma evolução aparentemente terminológica – a do "patrimônio imaterial" que toma o lugar do "patrimônio etnológico" – venha a implicar mudanças que têm a ver, simultaneamente, com uma orientação disciplinar e com uma vontade de intervenção política.

Desde a assinatura pela França, em 2006, dos textos da UNESCO,* a questão do patrimônio cultural imaterial tornou-se um assunto de atualidade. No mundo dos museus, diferentes intermediários institucionais estão trabalhando para sensibilizar os conservadores

– por exemplo, via ICOM França. Paralelamente, a missão do Patrimônio Etnológico empreendeu uma reflexão coletiva sobre as novas categorias e o novo quadro de atividade do patrimônio que, ainda ontem, era "etnológico". Essa ratificação poderia assinalar, para não dizer o fim, pelo menos, o enfraquecimento da hierarquização estatal dos bens culturais, que impede os museus etnográficos de representar uma encarnação legítima ou verossímil da nação em relação aos museus de Belas-Artes. Mas será possível vislumbrar o desaparecimento da oposição entre o espaço social em perpétuo devir, tão prezado pelos antropólogos, e o recinto delimitado de objetos conservados no museu, tão apreciado pelos especialistas da cultura material?

Esse é um dos desafios da abertura, no verão de 2006, do Museu do Quai Branly, novo estabelecimento dedicado às "culturas do mundo", cujo gesto arquitetônico – se dermos crédito a seu responsável, o arquiteto Jean Nouvel – reivindica uma sensibilidade inédita ao imaterial. Para Daniel Fabre, importante testemunha da história da etnologia francesa, o debate a propósito desse museu inaugura, de forma mais ampla, a aparição da referência ao patrimônio imaterial no espaço público. De fato, as duas críticas principais dirigidas contra essa instituição incidem sobre os valores inéditos a serem enfrentados, nos próximos anos, pela gestão patrimonial à francesa: "Por um lado, aquela que denuncia o culto exclusivo do objeto em três dimensões sem levar em conta todas as outras expressões das culturas; por outro, aquela que sublinha a ausência, na própria concepção relativa ao museu, das comunidades criadoras dos bens expostos" (FABRE, 2006).

* A Salvaguarda do Patrimônio Cultural Imaterial, formulada pela UNESCO, foi adotada na França por uma lei em 5 de julho de 2006; o decreto *ad hoc* nº 2006-1.402 data de 17 de novembro de 2006.

A era dourada dos ecomuseus

O termo específico de ecomuseu é forjado por ocasião da 9ª Conferência Geral do ICOM realizada em Grenoble, em 1971, no momento em que emerge a ideia de um "patrimônio" vinculado a uma comunidade e a um meio ambiente. As novas instituições aparecem no âmbito dos primeiros Parques Naturais Regionais, em Ouessant (1968) e em Marquèze (Ecomuseu da Grande Lande, a partir de 1969) – antes que o da Comunidade Le Creusot-Montceau-les-Mines, criado em 1974, venha a servir de referência.

Os ecomuseus pretendem ser, então, "o espelho em que uma população se olha para se reconhecer nesse espaço, no qual ela procura a explicação do território a que está vinculada, conectada com [a história] das populações precedentes. Um espelho que essa população apresenta a seus hóspedes para que seja mais bem compreendida, no respeito por seu trabalho, por seus comportamentos e por sua intimidade". A lógica comunitária do projeto é definida pela territorialidade do campo de intervenção e pela participação da população que "pode passar do papel de consumidor do museu para a função de ator, para não dizer, de autor do museu". Hugues de Varine-Bohan, diretor do ICOM, reconhece nesses espaços o primeiro museu "fragmentado", ou seja, pluridisciplinar e deslocalizado. As noções – e os valores – de território, patrimônio e população opõem-se aí, termo a termo, às noções e aos valores de edifício, coleção e público.

O período de 1970-1980 conheceu uma proliferação de estabelecimentos, tendo culminado em um Movimento Internacional em favor de uma Nova Museologia (MINOM). No decorrer da década de 1990, na França, eleva-se acima de 250 o número de ecomuseus e museus de sociedade que vão dos museus das técnicas (Musées du Chemin de fer et de l'Automobile [Museus da Estrada de Ferro e do Automóvel] de Mulhouse) aos grandes museus regionais (Normandia, Bretanha, Dauphiné), passando por museus de culturas urbanas (o Ecomuseu de Fresnes, de Saint-Quentin-en-Yvelines) ou por verdadeiros parques ao ar livre, tal como Ungersheim.

Esse dinamismo relativo não impede de se constatar a ausência de uma verdadeira renovação das problemáticas desses estabelecimentos. Entrementes, apareceu a nova noção de "patrimônio etnológico" que fornece outra referência a esses museus. Em 1978, a reflexão sobre uma política nacional da etnologia pretende responder classicamente ao temor de desaparecimentos decorrentes da "transição rápida induzida pela urbanização e industrialização, além de vagas de migrações internas e externas" (Chiva). Identificado como o conjunto dos "elementos que servem de fundamento à identidade de cada grupo social, diferenciando-o dos outros" (Relatório BENZAID, 1979), o patrimônio etnológico é institucionalizado sob a forma de uma Missão, na proximidade lógica dos departamentos da Arqueologia e do Inventário.

Capítulo III

História dos museus

∽

O colecionismo da primeira fase da modernidade (séculos XVI e XVII) serve-se da etimologia clássica da palavra "museu" para inventar, pouco a pouco, sua representação a partir de uma Antiguidade em fragmentos, disponível para recomposições que adotam, de bom grado, a forma de "teatros" (FINDLEN, 1994). Paralelamente à ideia de um *corpus* a estabelecer e transmitir, o ideal de uma pesquisa concebida como o esforço coletivo da República das Letras culmina em coleções de academias, universidades ou hospitais.

A abertura de coleções – régias, nobiliárquicas ou burguesas –, obedecendo a determinados critérios, e não somente ao capricho do proprietário, inaugurou a época dos museus modernos. Seu público, além do microcosmo dos íntimos e dos beneficiários de algum privilégio, compreende os especialistas dos artefatos que estão reunidos nesse espaço – seus fabricantes ou seus intérpretes –, os alunos destes últimos, enfim, uma aristocracia de turistas. A fundação dos museus nacionais, iniciada em grande parte pela Revolução Francesa, converte, em seguida, o direito de entrar no museu em um direito do cidadão e, ao mesmo tempo, em uma necessidade para a identidade e para a reprodução da nova comunidade imaginária.

No decorrer do século XIX, os tipos de museus, entre Europa Central/Oriental e Europa Ocidental, entre Europa do Norte e Europa do Sul, organizaram-se em função dos valores e expedientes de cada um de seus Estados proprietários; de fato, as grandes narrativas nacionais mobilizam diferentemente os *corpus* de objetos, imagens ou práticas. A primeira fase do século XX acelera as entradas sucessivas na "beleza do morto" de "mundos que tínhamos perdido" (desde os museus da ruralidade àqueles dedicados às culturas do mundo industrial). As implantações nos sítios históricos se multiplicam, relacionadas não só com os novos princípios científicos que animam a história, a arqueologia e a etnologia, mas também com o desenvolvimento do turismo propulsionado pela utilização de automóveis.

Os primeiros museus europeus

A galeria progressiva

O marquês Scipione Maffei (1675-1755), eminência da república dos especialistas da Antiguidade, publicou em 1720, em Verona, o programa de um Museu Epigráfico regido pela utilidade "seja para a história de todos os gêneros, seja para a arte ou para as línguas". As inscrições estão dispostas nesse texto em série progressiva, começando pela Proto-história até a Idade Média e abrangendo as diferentes línguas da bacia do Mediterrâneo. Uma das originalidades dessa iniciativa consistiu em se interessar pelas inscrições tanto etruscas quanto medievais, inaugurando de certa maneira o "gosto pelos primitivos" que caracterizou a segunda metade do século XVIII. No decorrer da década de 1736-1746, o arquiteto Alessandro Pompei construiu um pórtico de forma clássica, dominado por um frontão com seis colunas enormes para fornecer uma moldura adaptada à natureza da coleção lapidar.

Maffei é tributário, talvez, da ideia de tal "galeria progressiva" ao franciscano Carlo Lodoli (1690-1761), que, de acordo com o testemunho de seu aluno Andrea Memmo, teria constituído em Veneza, em torno de 1730-1750, uma coleção que mostrava, "passo a passo, a progressão da arte do desenho". O conceito inspirou, em seguida, um grande número de *connaisseurs* em toda a Europa.

Os museus italianos e alemães

Apesar de se ter propagado, gradualmente, semelhante organização não chegou a ser adotada pelos museus hegemônicos do século XVIII, os museus de antiguidades, pelo fato de carecerem de uma cronologia certificada de suas peças.

No entanto, Roma é que conheceu, então, as principais manifestações da modernidade museológica. A elaboração do Museu Pio-Clementino começou, em 1770, por iniciativa do tesoureiro de Clemente XIV, Gianangelo Braschi; com a eleição deste último para o papado sob o nome de Pio VI (1775-1799), o estabelecimento, limitado inicialmente a algumas salas ao redor do pátio do Belvedere, viu seu espaço ampliar-se de forma espetacular, acolhendo os numerosos produtos de escavações *ad hoc*. As salas em cruz grega e a Rotunda – obras de Michelangelo Simonetti (1724-1781), arquiteto do papa – pretendem manter uma fidelidade arqueológica para fornecer melhor respaldo ao elogio da coleção e da Igreja, herdeira legítima da Roma Antiga.

No espaço alemão, o jovem Estado da Saxônia manifestava sua impaciência para aparecer na cena europeia, e o projeto de um museu enciclopédico, imaginado em 1742 pelo conde Algarotti, pretende satisfazer tais exigências. Pela primeira vez, segundo parece, o edifício previsto – um quadrado com pátio central – é independente do palácio do Príncipe; além disso, sua iluminação zenital evoca tanto a Tribuna da Galeria *Uffizi* quanto a Rotunda de Rubens para sua coleção de Antuérpia. Inacabado, o projeto influenciou, talvez, a reorganização da Galeria de Dresden. Seu catálogo ilustrado de 1753, guarnecido com um cabeçalho de um plano de Carl Heinrich von Heinecken, diretor geral das Coleções de Arte e das Academias Saxônicas, revela uma divisão em Escolas (Italiana, Flamenga, Francesa e Alemã). Para Francis Haskell, o período Francesco Algarotti – (1712-1764), crítico de arte e colecionador veneziano – assiste ao início de uma abordagem erudita da arte característica dos museus do Século das Luzes (Haskell, 1980).

A exigência de uma classificação da exposição por época e por nação acabou triunfando aos poucos: em 1765, Mathias Österreich, originário de Dresden, é chamado a Potsdam para classificar a coleção de pinturas de Frederico, o Grande, por escolas históricas (mesmo que Winckelmann tenha reclamado de sua mediocridade); e, no decorrer das décadas seguintes, as principais galerias nobiliárquicas adotaram a mesma classificação. O Museu de Kassel, construído nos anos de 1769-1777 pelo landgrave Frederico II, na Friedrichsplatz, e de natureza enciclopédica, é dedicado à utilidade pública e aberto ao público em horários fixos. Enfim, em Viena, em 1780, Christian von Mechel (1737-1817), perito em história da arte, gravador e editor de Basileia, apresenta um plano de museu "por ordem cronológica ou por sucessão de mestres" que "distribui os quadros por escolas" e reúne "as obras de um mestre na mesma sala", proporcionando pela primeira vez "um entreposto da história visível da Arte".

O olhar do público

As coleções públicas destinadas, daí em diante, à instrução enriquecem as etapas do *Grand Tour* (SALGUEIRO, 2002), em uma nova diversidade das apropriações. Paralelamente, a exploração dos espaços longínquos, fornecedores de singularidades, alimenta uma estética baseada na descontextualização de objetos raros e exóticos. Mas, sobretudo, a segunda metade do século XVIII desenvolve um novo ideal de uso público de modelos e exemplos, pautado a partir de um imperativo da eficácia. A constatação de coleções inacessíveis, conservadas de forma desordenada ou desprovidas de catálogos, é motivo de escândalo para aqueles que veem tal situação como o meio de dissipar a ignorância, de aperfeiçoar as artes, além de despertar o espírito público e o amor da pátria.

Assim, a partir da metade do século XVIII, a França cobre-se de escolas de desenho, dotadas de acervos mais ou menos ricos e convocadas a difundir a aprendizagem das "artes". Em Toulouse, a Académie de Peinture [Academia de Pintura] organiza exposições frequentemente prestigiosas nas quais se misturam os antigos mestres italianos, flamengos e franceses com os artistas contemporâneos. Em Dijon, a École de Dessin [Escola de Desenho], reconhecida em 1766 pelos Estados de Borgonha e protegida pelo governador da província, o príncipe de Condé, é complementada em 1787 com "um Muséum seguido de uma galeria" para reunir as obras dos pensionistas e as referências do gosto.

Mas as condições de abertura e as modalidades de visita às galerias permanecem, muitas vezes, bastante desconfortáveis. Em Roma, de acordo com o visitante D. J. J. Volkmann, "as famosas estátuas e o novo Muséum estão sob a vigilância de um guardião que é muito difícil de encontrar. Ao começar a visita com um grupo, ele fecha a entrada do Muséum de modo que as pessoas ficam à sua espera durante algumas horas" (citado em HUDSON, 1975). Até mesmo no British Museum, fundado pelo Parlamento em 1753 com uma finalidade manifestamente pública, a entrada, limitada, é difícil e a visita é despachada às pressas. Os verdadeiros usuários dos museus continuam sendo os *studiosi* e os artistas, que se beneficiam sempre de condições privilegiadas.

Os museus no século XIX

O museu clássico do século XIX, na Europa, é o símbolo de uma nação ou de uma coletividade. Todos os seus objetos são outros tantos elementos característicos ou representativos de uma obra, de uma cultura, de um homem ilustre, em suma, de uma parte da comunidade imaginária em questão. Eles satisfazem estritas exigências de autenticidade, qualidade e propriedade pública, além de se organizarem com o objetivo de uma regeneração da memória cultural para as tarefas que se impõem na época. A autoridade do museu depende de seu domínio de um saber positivo, do qual se serve eventualmente para tomar a dianteira em relação a colecionadores particulares ou a museus de outros países. O caso da tiara de Saitafernes (uma falsificação disputada pelos museus de Paris, Londres e Berlim e, finalmente, "vencida" pelo Louvre que, logo depois, passou pelo maior vexame) é uma consequência dessa concorrência obstinada entre estabelecimentos, em nome do prestígio hipotecado em cima de suas coleções.

Uma cultura de museu

O uso generalizado do termo "museu" – que designa, além da realidade institucional *stricto sensu*, um amplo campo editorial (coletâneas enciclopédicas, jornais, literatura infantil, etc.) – ilustra perspectivas de saber universal, de vínculo social e de viés edificante, associadas indissoluvelmente ao sentido dos museus mesmo que seja difícil determinar com precisão seus contornos. A própria visita de um museu permite ganhar confiança em suas preferências, reforça uma filiação, constitui um modo de distinção, enfim, mantém vínculos com a diferenciação sexual das condutas: a mulher deve afastar-se das imagens consideradas indecorosas, enquanto o homem pode desfrutar delas.

Qualquer que seja a natureza de sua coleção, o museu é guiado, em sua disposição, seu crescimento e a orientação de sua pesquisa, por uma missão de instrução pública que lhe confere toda a sua legitimidade. A profissionalização das tarefas, na virada dos séculos XIX e XX, surgiu das frustrações vivenciadas diante das dificuldades de toda espécie que seu conservador experimenta para satisfazer semelhante ideal e, até mesmo, diante da constatação de seu fracasso. Enfim, o questionamento das hierarquias e um novo sentido da contingência histórica, para não dizer, do absurdo da memória cultural, exercem uma influência considerável sobre sua missão, que, em grande número de aspectos, entra em crise após a Primeira Guerra Mundial.

Os museus do legado europeu – e, em primeiro lugar, os mais antigos e mais notórios – tiveram sempre uma dimensão eminentemente internacional, tratando-se da composição de suas coleções permanentes, de suas diversas manifestações temporárias ou da mobilidade das diferentes categorias de seu público. Durante o século XIX, esse caráter cosmopolita é essencialmente europeu, apesar de sua abertura na América do Norte e de sua tímida disseminação em outros locais – um símbolo dessa situação é a invenção de uma cultura atlântica da qual Henry James é o melhor intérprete. A evolução desse modelo cultural é o resultado de transferências e intercâmbio que acabaram assumindo a forma seja de imperialismo seja de cooperações reguladas pelo direito e pelas organizações internacionais.

A museografia europeia

A Inglaterra, a Alemanha e a França passam por ser modelos em matéria de museus, graças à importância de seus acervos, à abertura de novos estabelecimentos e à qualidade de sua organização. O modelo arquitetônico permanece a galeria retangular, com iluminação zenital, orientada pela preocupação com a abundância de dispositivos destinados a dependurar as peças, ou ainda a distribuição neoclássica de salas quadradas ou retangulares em torno de um amplo átrio ou de uma escadaria monumental. No final do século XVIII, os *Uffizi* e o Museu Pio-Clementino, mas também o Louvre napoleônico, exercem influência sobre os arquitetos do continente europeu; estes, aliás, conhecem os projetos de museus dos concursos franceses de arquitetura e, às vezes, aplicam as lições da distribuição ministradas pelo arquiteto e teórico J. N. L. Durand (1760-1834), o qual define o museu, em 1803, "como um tesouro público, encerrando o depósito mais precioso, o dos conhecimentos humanos, por um lado, e, por outro, como um templo dedicado aos estudos" (KIEFER, 2000; PEREIRA, 2007).

Na Inglaterra, o British Museum de Robert Smirke, começado em 1823, é decorado com um peristilo iônico; ele inaugurou uma tradição do templo grego, retomada para a National Gallery de Londres (William Wilkins, 1832) ou para o Museu Fitzwilliam, em Cambridge (George Basevi, 1837-1848). Em compensação, o "modelo do museu à francesa" (GEORGEL, 1994) surgiu em Amiens, em 1855-1869, cidade em que o pavilhão central do Museu da Picardia – concebido pelo laureado, em 1853, do Prêmio de Roma Arthur-Stanislas Diet – remete aos pavilhões da Cour Napoléon do Louvre, cujo esquema é retomado também pelo arquiteto Louis--Charles Sauvageot, em Rouen, no Museu das Belas-Artes (1877-1888) e na Biblioteca para o pavilhão de entrada. É somente em meados do século XIX que o gótico parece fornecer uma alternativa possível: eis o que ocorre com o Museu da Universidade de Oxford, manifesto da composição metálica por uma questão de prestígio, construído por Benjamin Woodward em 1855-1860. A inspiração medieval está igualmente presente na França: em Nantes, com o Hôtel Dobrée, ou em Toulouse, com a ala 1880 do Museu – ambas as construções inspiradas no restaurador de monumentos franceses Viollet-le-Duc (1814-1879).

A construção dos grandes museus é, em geral, o pretexto para uma nova urbanização do centro da cidade. Tal foi o caso na França, em Lille, Grenoble ou, ainda, Rennes com o Palácio dos Museus e das Faculdades (1849-1855); de Saint--Etienne, cidade em que o Museu das Belas-Artes remonta a 1856; de Marselha, na qual o Palácio Longchamp reúne o Museu de Belas-Artes e o Muséum de História Natural, em torno das águas do rio Durance, antes de servir de modelo ao Palácio do Trocadero. A melhor ilustração ocorre, sem dúvida, em Viena: o museu acaba ocupando a posição central na remodelação de uma capital, no século XIX, aproveitando-se, nesse caso, da demolição das muralhas da cidade. Gottfried von Semper tinha projetado dois museus simétricos, o Kunsthistorisches Museum e o Naturhistorisches Museum (1870-1891): a estátua da imperatriz Maria Teresa, no centro da praça, entre os dois museus, "protetora e maternal, opõe-se frontalmente aos dois heróis militares a cavalo que tinham sido selecionados pelo imperador Francisco José, na década de 1850, como estátuas principais do outro lado do Ring; ela não se assemelha também à figura, Palas Athena, que os liberais tinham escolhido para colocar na frente de seu Parlamento" (SCHORSKE, 1995).

A museografia do século se resume, em grande parte, à preocupação com a iluminação e com o sistema de dependurar as peças: o manual de Julien Guadet (*Éléments et théorie de l'architecture* [Elementos e teoria da arquitetura], 1901) compara, assim, as superfícies envidraçadas entre museus; trata-se de um motivo recorrente do século XVIII, mas dessa vez concebido em uma perspectiva de positivismo cientificista. A iluminação zenital da Grande Galeria do Louvre, concluída por Lefuel em 1856, será utilizada, em seguida, como modelo de disposição, a ser completada por uma luz lateral para a primeira linha dos quadros (os pequenos formatos) e para as esculturas. Se a introdução da iluminação artificial é precoce em alguns estabelecimentos, como ocorre em South Kensington, a maior parte dos principais museus serve-se desse recurso apenas no século XX com o advento da eletricidade.

As últimas décadas do século XIX assistem, mais ou menos em toda parte, à implementação de uma reforma das antigas maneiras de proceder, passando de uma opulência palaciana para um modo de dependurar mais flexível, com o isolamento das obras de qualidade. Simultaneamente, "a distinção funcional entre espaços de recepção ou de circulação e salas de exposição" se impõe, repelindo a decoração para o espaço cerimonial e, especificamente, para a escadaria monumental, em que ela glorifica geralmente – de acordo com a sucinta expressão forjada por Pierre Vaisse – "a história e as atividades da região e da cidade" (*in* GEORGEL, 1994).

Berlim e o espaço alemão

Berlim multiplicou os arquétipos museais no decorrer desse século, dos quais o primeiro, o Altes Museum – como foi denominado, posteriormente – é elaborado durante a década de 1820. Vinculado às teses do idealismo, para quem a arte fornece ao homem a transcendência, outrora, proporcionada pela religião, esse santuário impõe uma visita concebida de acordo com o ideal grego de *paideia*. Wilhelm von Humboldt, fundador da Universidade de Berlim, em 1810, está associado a esse empreendimento que participa de uma reflexão sobre a *Bildung*, entendida como processo de formação, em particular, por meio da experiência estética. Inaugurado em 1830, o museu ocupa o quarto lado do Lustgarten, ao norte; por sua vez, o palácio situa-se no sul, o arsenal, a oeste; e a catedral, a leste. Pretexto para remodelar totalmente esse espaço capital de Berlim, o museu assume o aspecto de um templo monumental à maneira antiga; a rotunda constitui um museu no museu, segundo o princípio do Panteão romano, do qual tem as proporções, mas reduzidas à metade.

Diante do crescimento das coleções, o arquiteto Stüdler é encarregado, em 1843, de erigir um Neues Museum destinado a receber a arqueologia antiga, a etnografia e as antiguidades nacionais. Inaugurado em 1859, esse museu dá o sinal de um movimento ininterrupto de construções que desenha, pouco a pouco, a paisagem da Ilha dos Museus (Museumsinsel). Assim, Stüdler constrói, em 1876, outro museu dedicado à arte contemporânea; mas, no ano seguinte, as artes decorativas e a etnografia são retiradas da Museumsinsel, a qual é *de facto* consagrada às obras de arte e aos monumentos da arqueologia.

Enquanto, para a primeira metade do século, Gustav Waagen (1794-1868), diretor da Pinacoteca de Berlim, é a principal figura do especialista internacional, crítico e museógrafo, por sua vez, Wilhelm von Bode (1845-1929), funcionário dessa instituição desde 1872, é o arquétipo do diretor de museu da segunda parte do século XIX. Responsável pelas coleções do Estado Prussiano de 1897 a 1920, ele multiplica a publicação de catálogos e os trabalhos acadêmicos (com uma coletânea anual, o *Preussisches Jahrbuch*), manifestando a qualidade e a fecundidade da nova ciência da arte germânica. O Kaiser Friedrich Museum (que, posteriormente, se tornou o Museu Bode), construído pelo arquiteto Ihne de 1897 a 1903 no estilo barroco alemão, expõe as coleções da Idade Média e do Renascimento, de maneira cronológica e integradas em um contexto: sua obra-prima é a *Kirchenraum* decorada com elementos arquitetônicos. Em 1907, Bode imagina um Museumforum: no centro da Ilha, o Museu do Altar de Pérgamo; à direita, o Oriente Médio (Vorderasiatisches Museum); à esquerda, a arte alemã (Deutsches Museum). A Ilha dos Museus constitui – com a conclusão do Pergamon em 1930, na celebração de seu centenário – a expressão mais característica da museologia enciclopédica do século XIX.

Dos outros personagens da museografia alemã, Alexandre Dorner, diretor do Museu do Land de Hanôver, de 1922 a 1936, é sem dúvida o mais respeitado. Aluno do historiador da arte vienense Alois Riegl (1858-1905), Dorner julga que o museu deve satisfazer, em primeiro lugar, a uma função educativa, em vez de se preocupar exclusivamente com sua coleção. Cada sala ilustra a "vontade artística" de um período, mediante o recurso eventual à reprodução ou à elaboração de cenários. No final do percurso, a colaboração com os *designers* El Lissitzky e Moholy-Nagy para o gabinete abstrato e a sala de nosso tempo (1927-1928) assinala a entrada da vanguarda do século XX no museu. O filósofo e pedagogo norte-americano John

Dewey (1859-1952) reconhecerá como sua, depois da guerra, essa museologia pedagógica e progressista, reconectando o fio de uma história cruzada dos modelos entre a Alemanha e os EUA.

Londres e Inglaterra

A história dos museus na Inglaterra é marcada, em primeiro lugar, por uma tradição de grandes colecionadores capazes de fazer aparecer as obras em sua posse como um bem público, emprestando-as de bom grado e, assim, comprovando seu patriotismo, sem ceder ao modelo continental[12] da galeria nacional que daria a impressão de negar o princípio da propriedade privada. Como escreve a historiadora Linda Colley, "o fato de que, atualmente, centenas de milhares de pessoas estejam dispostas a aceitar que palácios privados e seu conteúdo venham a ser uma parte do patrimônio nacional britânico comprova o sucesso obtido pela elite britânica da era das revoluções na reconstrução de sua imagem cultural" (COLLEY, 1994).

A grande exposição de 1851, em Hyde Park, culmina na fundação do South Kensington (1857), que, em seguida, se tornou o Victoria and Albert Museum, cuja posteridade é exemplar. Henry Cole, responsável pela direção do museu e de suas escolas de arte associadas de 1853 a 1873, recorreu às técnicas de reprodução para disponibilizar os modelos indispensáveis às artes industriais britânicas: a fotografia e, sobretudo, a reprodução por molde dos monumentos e esculturas dão testemunho de um pragmatismo pedagógico. Contudo, o museu se tornou rapidamente uma coleção mundial: a Ásia e o mundo islâmico ilustram a hierarquia das culturas e sua relação com o Império Britânico. Outras exposições temporárias se transformam em instituição permanente: esse é o caso da National Portrait Gallery, fundada por lorde Stanhope, que, em 1858, decide reunir os retratos de soberanos, estadistas, homens de letras e artistas, após o sucesso de duas exposições de retratos históricos em South Kensington.

---

[12] Referência ao "continente" relativamente à situação insular da Grã-Bretanha. (N.T.)

Em escala nacional, se é possível recensear uma dúzia de museus ao redor de 1800, esse número se eleva a sessenta, em meados do século, e acima de trezentos, em 1914 – quase sempre, graças ao mecenato de particulares e aos investimentos das municipalidades, permitidos pelo *Museums Act* de 1845 e pelo *Museums and Libraries Act* de 1850. A justificativa para essa despesa é naturalmente prosaica (a utilidade manufatureira) ou social (moralizar o povo). De acordo com o influente John Ruskin (1819-1900), "a primeira função de um museu [...] consiste em dar exemplos de ordem perfeita e de perfeita elegância, no verdadeiro sentido da palavra, ao povaréu vulgar e indisciplinado. Nesse espaço, tudo está em seu devido lugar, tudo é apresentado nas melhores condições". Os museus destinados especificamente ao povo, as "galerias filantrópicas" (WATERFIELD, 1991) instaladas nos bairros mais desfavorecidos das metrópoles – tal como a Whitechapel Art Gallery, aberta em 1901, em East London – recorreram a reproduções: gravuras, fotografias, moldes ou diversos fac-símiles.

Inspirado pelo receio de assistir ao desaparecimento da paisagem inglesa tradicional, o National Trust for places of Historic Interest and Natural Beauty, mais conhecido sob a abreviatura de National Trust, constitui-se desde 1895 em associação sem fins lucrativos, habilitada a receber legados e doações para comprar sítios ou monumentos históricos; todas essas disposições alimentam o orgulho britânico que reivindica a supremacia mundial para os museus, as bibliotecas e os parques em nome de um grau superior de civilização.

A difusão de um modelo para além da Europa

Nos EUA, a doação pelo inglês James Smithson de US$ 1 milhão e meio para estabelecer uma instituição dedicada ao desenvolvimento e à partilha do saber, aceita em 1846 pelo Congresso, culminou em um projeto enciclopédico de inventário e de estudo do território. O museu da Smithsonian Institution abre em 1858, inaugurando a disposição dos museus ao longo do National Mall da capital (Washington D.C.). Quase meio século mais tarde, George Brown Goode (1851-1896), naturalista e historiador da ciência, define a originalidade do programa norte-americano nestes termos: "Um museu realmente pedagógico pode ser descrito como uma coleção de cartazes instrutivos, cada um ilustrado por um exemplar bem escolhido. [...] O museu de hoje, em vez da reunião ao acaso de curiosidades, é uma série de objetos selecionados em razão de seu valor para os pesquisadores, ou de seus recursos para a instrução pública". O Educational Museum está associado às bibliotecas e aos laboratórios, em um *continuum* que vai até o ensino universitário.

Paralelamente, com o Metropolitan Museum de Nova York (1870, e 1894 para o prédio), aparecem museus oriundos de fundações privadas. Em Boston, os "brâmanes", verdadeiros "empresários" culturais da cidade, tomaram de empréstimo o conceito europeu de alta cultura e dotaram-se de organizações culturais decalcadas no Velho Continente. O Art Institute of Chicago se constitui a partir do mesmo esquema. A arquitetura monumental desses museus é particularmente impressionante (o Museu das Belas-Artes de Boston foi concluído em 1909; o de Chicago, criado em 1879, inicia seus trabalhos em 1893). Inversamente, John Cotton Dana (1856-1929), bibliotecário e fundador do Newark Museum, em 1909, elabora o conceito de um museu a serviço da comunidade, simultaneamente nos aspectos práticos e naqueles da "cultura erudita" (ALEXANDER, 1983).

O século XX: 1914-1989

As vanguardas da primeira metade do século XX se inscrevem em uma vontade comum de empreender novos caminhos, livrando-se do peso do passado e de seu legado. A repulsão diante do primeiro conflito mundial e uma de suas consequências – a saber, o movimento Dada – fortalecem essa atitude de rejeição. A progressão do individualismo e do subjetivismo na relação com o tempo e com a história se ilustra na revolução freudiana da memória involuntária, na descoberta científica da relatividade e em uma literatura que encena as vicissitudes do controle de tempo, desde as epifanias do "tempo reencontrado" ao "fluxo de consciência". Por contraste, o museu parece, singularmente, empenhado em subordinar as obras que ele reúne à cronologia e ao didatismo, em suma, a demonstrações insípidas e inúteis; ainda pior, ele anexa as coleções ou as disciplinas a finalidades partidárias quando a Revolução Bolchevique de 1917 e, concomitantemente, a progressão do fascismo e, em seguida, do nazismo nas décadas de 1920-1930 redundam em sistemas políticos decididos a converter o estabelecimento museal, renovado e orientado para o público, em um instrumento de propaganda.

O peso dos totalitarismos

Entre 1926 e 1938, a rememoração do Império Romano será considerada um desafio essencial a ser enfrentado pelo regime italiano: o Museu do Império Romano e a *Mostra Augustea della Romanità* de 1937, em Roma, para comemorar o segundo milênio do nascimento do imperador Augusto, pretendem inscrever o regime em uma tradição de poder e de hegemonia mediterrânea. Na Alemanha, com o nazismo, as experimentações museais inovadoras sob o regime de Weimar são suprimidas em benefício de uma norma clássica única; além disso, uma severa depuração toma como alvo a arte contemporânea. Alfred Barr, que acaba de apresentar, em 1931, no MoMA (The Museum of Modern Art, do qual foi o primeiro diretor, em 1929, tendo conservado tal cargo até 1943), uma exposição dedicada à arte contemporânea alemã, está em 1933 em Stuttgart: com lucidez e indignação, ele descreve a tomada do poder cultural pelos nazistas, em particular, no mundo dos museus, mas seus artigos não suscitam o mínimo interesse em Nova York. Em Munique, a exposição da *Arte degenerada*, em 1937, põe em prática a amálgama entre as obras de artistas reputados como exemplares da degenerescência contemporânea e aquelas de doentes mentais, enquanto a Haus der Deutschen Kunst (Casa da Arte Alemã) expõe, pelo contrário, os modelos propícios a ilustrar a genialidade nacional.

Na URSS, a questão relativa ao futuro do legado do Antigo Regime foi decidida rapidamente e o museu aparece como uma indispensável ferramenta de educação. Em 1921, uma

Agência Geral de Conservação dos Objetos de Arte e de Arqueologia controla todos os museus soviéticos, e um surto de criações dá origem a mais de 500 museus até 1936. A museografia soviética atribui uma posição inédita à geografia das populações do novo Estado, aos modos de produção e às forças sociais na leitura da história e na maneira de expor as obras. Seus diferentes projetos podem ser lidos na revista *Mouseion*, enquanto a censura vai impondo gradualmente, no interior do país, um acanhado conformismo.

Torna-se, assim, compreensível o diagnóstico da museologia liberal segundo a qual, "em alguns países modernos, em que a ação política tende a se converter no ponto de convergência de todas as forças da nação, o papel social e pedagógico do museu acaba por se sobrepor à sua função estética e sensível... No equipamento social pedagógico desse museu, a obra de arte é considerada um fator histórico, além de ser complementada por um volumoso material auxiliar, composto de moldes, cópias, estatísticas, mapas e tabelas demonstrativas". Essa descrição do *Catalogue-Guide illustré de l'Exposition internationale de 1937* [Catálogo-Guia ilustrado da Exposição Internacional de 1937] fornece um balanço crítico do que, em sua opinião, constitui outros tantos deslizes manipuladores da museografia. Nada está mais distante, com efeito, dessas orientações que o comentário de Paul Valéry, perfeito intelectual francês, em "Le problème des musées" [O problema dos museus] (1923): nesse texto, o poeta dá testemunho, certamente, do desejo de modificar a fisionomia dos estabelecimentos quando afirma que "as ideias de classificação, conservação e utilidade pública, que são justas e claras, pouco têm a ver com as sensações aprazíveis" (VALÉRY, 1960). O mesmo é afirmar que o museu não consegue conciliar a fruição com o espírito de saber útil associado à "seriedade cidadã". Daí, as advertências que se encontram no Palais de Chaillot pelas quais se pretende convocar a seu patamar o desejo [*désir*] do visitante.[13]

---

[13] No lado do Musée de l'Homme [Museu do Homem], na face voltada para a Torre Eiffel, encontra-se esta inscrição do poeta Paul Valéry: "Il dépend de

O caso norte-americano

O ano de 1916, inauguração do Museu de Cleveland, é considerado tradicionalmente o início da era clássica dos museus norte-americanos, marcado por uma arquitetura proveniente da École des Beaux-Arts de Paris, mas também por objetivos pedagógicos e eruditos. Os magnatas de negócios são os principais responsáveis por esse rápido desenvolvimento, com base em seus investimentos de evérgetas. A National Gallery de Washington, que fornece o termo dessa era dourada após sua conclusão, em 1942, é assim tributária da doação de Andrew Mellon, à qual se juntaram as contribuições de Samuel H. Kress, em 1939, e de Wiedener. Uma museografia do contexto, que se assemelha, às vezes, a uma museografia de *designer* de interiores e decorador, marca essa geração de estabelecimentos, baseados amplamente em transferências maciças oriundas da Europa.

Os Cloisters – em 1938, à margem do rio Hudson, instala-se a coleção de George Gray Barnard – constituem um exemplo de museu reunido a partir do legado europeu. As compras, bens móveis ou imóveis, concluídas ou tentadas em nome deste ou daquele museu estadunidense acabaram, aliás, acelerando a tomada de consciência por parte de várias nações europeias em relação às medidas de proteção *in situ* – à semelhança dos confiscos europeus perpetrados no século anterior. O exercício do *period-room*, presente em Cleveland, mas que se desenvolve no Metropolitan de Nova York, em 1924, é outra figura da busca de conjuntos, capazes de transportar o visitante, à maneira dos leitores de romances de acordo com Bakhtin, em um *chronotope*, uma estrutura de tempo tomada no espaço. O conservador e historiador de arte Fiske Kimball, na Filadélfia, amplia os limites do gênero a partir de 1928 com compras e transferências de conjuntos arquitetônicos e decorativos, além de realizações de *period-rooms*, a fim de elaborar um percurso em forma de *main street of art*.

---

celui qui passe / Que je sois tombe ou trésor / Que je parle ou me taise / Ceci ne tient qu'à toi / Ami n'entre pas sans désir" [Depende de quem passa / Que eu seja túmulo ou tesouro / Que eu fale ou fique em silêncio / Isso só depende de você / Amigo, não entre sem desejo]. (N.T.)

Paralelamente, Laurence Vail Coleman – diretora-presidente da AAM entre 1927 e 1958 –, em sua síntese de 1939, constata o surgimento de museus bastante diferentes, por seu tamanho, seu tipo e suas funções, além de contrastarem manifestamente com a hegemonia tradicional dos grandes museus de arte, nomeadamente, no sentido em que eles se dedicam ao culto de lembranças mais ou menos patrióticas, como os *Historic House Museums*. Em particular, os museus ao ar livre ilustram uma nostalgia pela herança norte-americana, alimentada pelo sentimento de sua perda. A partir de 1926, W. A. R. Goodwin converte Colonial Williamsburg, na Virgínia, em um vilarejo destinado a partilhar com os visitantes os detalhes da vida, do saber-fazer [*savoir-faire*] e das condutas de seus avós – com guias vestindo trajes de época, demonstração de antigos ofícios, comidas à moda antiga. A América dos museus é aquela, ao mesmo tempo, das *grass roots* e da alta cultura universal capaz de identificar as elites, de acordo com os princípios educativos herdados da filosofia vitoriana de Matthew Arnold (1822-1888), mas democratizada.

A preocupação com as diferentes categorias de público

Se, na França, a mística do público – oriunda do messianismo revolucionário e, em seguida, degradada na política – permanece presente no século XX em debates intelectuais, a inspiração norte-americana é completamente diferente. A atenção prestada às diferentes categorias de público pelos museus estadunidenses – que causa tamanha impressão ao viajante Georges Duhamel (1884-1966) – está certamente associada a um *corpus* filosófico e estético peculiar, marcado pela influência das proposições de John Dewey, em seus livros *Art and Education* (1929) e *Art as Experience* (1934), traduzidos profusamente após a guerra mundial. Mas ela figura, sobretudo, nos balanços dos estabelecimentos, de acordo com uma cultura da avaliação e do resultado, estranha para as mentalidades europeias de então. Desde 1939, a diretora da Associação Americana dos Museus escreve que o número de visitantes de um museu é o melhor testemunho de seu sucesso ou, pelo contrário, de seu fracasso: "Quando o número se eleva, a diretoria manifesta seu regozijo e o relatório anual fornece as curvas, sublinhando seu aspecto positivo; quando ele diminui, o diretor é obrigado a dar uma explicação a seus *trustees* e, em compensação, deve fornecer um ganho qualquer de natureza mais elevada para seu museu" (COLEMAN, 1939). O famoso curso ministrado em Harvard por Paul Sachs (1878-1965), "Museum work and museum problems", destina-se a levar os estudantes a adquirir competências administrativas e financeiras, assim como a transformá-los em *connoisseur-scholar*; a prática do responsável pelo William Hayes Fogg Art Museum combina aqui com a perícia do colecionador e do historiador de arte. No entanto, o público é também uma preocupação em alguns museus europeus: por exemplo, os conservadores de *Heimatmuseum* alemães estão atentos ao número de visitantes desses espaços, e a comparação cronológica das publicações a propósito das diferentes categorias de público na Alemanha e nos EUA não mostra, no período entre as duas guerras, nenhum "atraso" europeu.

A invenção da arte moderna

Contrariamente a um museu de arte concebido como representativo da produção contemporânea, testemunha privilegiada de sua diversidade, tal como ele tinha dominado o século XIX, o museu de arte moderna – definido assim no século XX – é um museu conceitual. A fundação do MoMA, em 1929, inaugura desse ponto de vista uma nova era, particularmente fecunda, em museus do mesmo tipo, incluindo em Nova York a abertura do Whitney Museum of American Art (1931; Marcel Breuer constrói o edifício de 1966) e a do Solomon R. Guggenheim Museum (1937; Frank Lloyd Wright conclui a construção do edifício de 1956-1959, após um longo período de espera, já que o projeto remonta a 1943). A última edição de *Mouseion*, em 1940, contém um extenso artigo sobre o pioneirismo de Nova York, que dá a entender o peso do acontecimento na comunidade internacional.

Alfred H. Barr Jr., já mencionado diretor do MoMA, contribui de maneira decisiva para a formação de um cânone e de um discurso histórico com as exposições sobre *Le Style international* (por Philip Johnson e Henry-Russell Hitchcock, 1932) e, em seguida, *Cubism and Abstract Art* em 1936. Mas os exemplos dos museus de Lodz, na Polônia, e de Basileia (1933) – que reivindicam a prioridade sob vários aspectos – e, ainda, de outros, dão testemunho de uma reflexão, na Europa, sobre o assunto. Após a guerra, em Amsterdã, no Stedelijk Museum (1936), Willem Sandberg (seu diretor no período de 1945 a 1963) empreende reunir uma coleção igualmente interdisciplinar, desde o *design* à fotografia e, até mesmo, ao cinema – nesse caso, ele foi malsucedido, mas o museu terá posteriormente um departamento de arte-vídeo. A ênfase que ele impõe à política educativa corresponde também aos imperativos evidenciados pelo MoMA, embora alimentada com experiências específicas.

A literatura museográfica publicada após o conflito bélico é ainda amplamente semelhante à do período entre as duas guerras: assim, o conservador orienta a escolha das cores, texturas, iluminação das salas e vitrines, sendo responsável também pelo perfil das adjacências da instituição, pelas condições de seu acesso. No Stedelijik, W. Sandberg, apesar de ser artista plástico, encarrega-se pessoalmente de toda a comunicação gráfica do estabelecimento e de suas exposições, criando um estrito controle do museu e de suas imagens (ROODENBURG--SCHADD, 2003). Ele imagina instalar passarelas de modo que os passeantes possam ver o interior das salas, a partir do parque, quando o museu está fechado. Assim, o espaço sagrado do museu deixa de estar isolado do espaço profano, respondendo à grande preocupação da museografia do movimento moderno, desde a declaração do arquiteto do MoMA, Philip Goodwin, publicada em *Mouseion*, em 1940: o museu deve ter vitrines como as lojas de departamento, através das quais os transeuntes tenham a possibilidade de ver uma parte da coleção e tomem a decisão de visitá-la.

O debate a propósito da arquitetura

Os paradoxos da modernidade arquitetônica na década de 1960 foram notavelmente expostos pelo arquiteto e teórico do modernismo Philip C. Johnson (1906-2005) em uma "Carta ao Diretor do Museu", em 1960. Se o arquiteto experimenta grande júbilo diante de qualquer projeto de museu – explicava ele –, sua tarefa é delicada porque nunca recebe instruções claras por parte dos conservadores e diretores de museu. Sobretudo quando a única preocupação de seus antecessores consistia na conservação dos objetos, sendo suficiente satisfazer à missão do estabelecimento, o arquiteto contemporâneo tem a incumbência de levar os visitantes a se sentirem felizes, no termo de um percurso simples e agradável. Dois debates monopolizam sua atenção: o primeiro a respeito da iluminação, artificial ou natural; e o segundo acerca da flexibilidade, ou não, dos espaços de exposição.

Esta última discussão está hoje praticamente resolvida: depois disso, numerosos museus têm modificado a utilização de seus espaços – esse é o caso do Centre Pompidou-Beaubourg, cujo abandono do espaço totalmente livre, no início, em favor de uma compartimentalização convencional é representativo da evolução geral. Da mesma forma, as críticas de Johnson a propósito da negligência sistemática em relação às reservas, aos espaços de trabalho e aos serviços destinados ao público deixaram de ser aceitáveis. No decorrer da última geração, a evolução nesse sentido é bastante nítida, tendo-se assistido à supressão – pelo menos, em princípio – de tais esquecimentos por parte tanto dos arquitetos quanto dos dirigentes do estabelecimento. Ainda permanece a questão dos espaços de recepção e de orientação, do átrio de entrada, "ponto de fuga para o olhar, além de espaço de orientação para o visitante", em nome dos quais Johnson reabilitava a obra de grande dimensão no momento em que a nova museologia, em numerosos casos, fechava, pelo contrário, as entradas monumentais em benefício de uma circulação pelas saídas de serviço, consideradas menos intimidantes (Baltimore, Cleveland, Quebec, etc.). É evidente que se assiste, como era seu desejo, a um retorno à construção monumental no que se refere aos acessos.

Ao comparar o Guggenheim ao MoMA, Johnson se revelava, enfim, severo relativamente à arquitetura de seus contemporâneos: em sua opinião, o Guggenheim era um prédio desprovido de elegância, uma cripta dos Invalides à espera de seu mausoléu de Napoleão, inapta para expor os quadros de maneira satisfatória; sua única vantagem, para ele, consistia em oferecer um percurso simples e um átrio estimulante para o público que se torna para si mesmo seu próprio espetáculo – aliás, o que havia sido explicitamente pretendido por Wright. Inversamente, o MoMA renunciou a toda a magnificência em benefício unicamente da eficácia; no entanto, esta, pelo fato da flexibilidade dos espaços de exposição, depende do talento dos curadores de cada exposição. Na busca de um museu que permita expor as obras de maneira confortável e eficaz, que promova o acolhimento do público de uma forma um tanto cerimoniosa e forneça, em cada instante, ao visitante um sentido de orientação sem fatigá-lo, Johnson voltava-se no termo de seu panorama para modelos históricos de clareza e concisão arquitetônicas: em seu entender, o Altes Museum de Schinkel, em Berlim; a Dulwich Gallery de John Soane, em Londres; a Alte Pinakothek de von Klenze, em Munique, constituem outros tantos modelos a seguir – longe, por conseguinte, dos "ícones" modernistas da década de 1960. Afinal de contas, o Museu de Tóquio por Le Corbusier era, de todos os museus modernos, o único que lhe dava plena satisfação – por retomar precisamente o princípio do percurso estável, claro e ordenado, com evocações da rotunda e da galeria.

O museu no presente da memória

Nos EUA, por volta de 1906, a iniciativa de Henry Ford – ao colecionar a cultura material em todos os seus aspectos, tendo convertido o Greenfield Village no maior museu ao ar livre do país – é o resultado de uma aversão declarada pela história dos eruditos. Tal empreendimento pretende promover "a história de nosso povo tal como ela está escrita nas coisas que suas mãos fabricaram e utilizaram", em uma perspectiva popular – exigindo intérpretes do patrimônio em trajes de época. Ele dá testemunho ainda de um gosto pelo objeto antigo que tem a ver com o diagnóstico elaborado, no mesmo momento, por Alois Riegl a propósito de um abandono tendencial do monumento histórico erudito em benefício de um "culto moderno" da antiguidade "a-histórica". Semelhante reflexão se banaliza, em primeiro lugar, no mundo anglo-americano e, em seguida, na escala mundial, através de uma história "pública" ou aplicada, isto é, a dos centros de interpretação ou dos museus de sítios históricos.

No decorrer da década de 1970-1980, se a história das mentalidades, em particular, deu a impressão de encontrar um sucesso exemplar no museu, tal situação se deve sobretudo ao que Philippe Ariès designava, então, como uma "aproximação recente entre presente e passado", em vez de se apoiar no diálogo necessário entre trabalho de museu e trabalho da história. Em todo o mundo, posteriormente, as exposições parecem ter escolhido como tema a criminalidade histórica – desde as violências de guerra aos crimes contra a humanidade –, como se o museu conhecesse um período "gótico", à imagem do *dark tourism*. Numerosas polêmicas dão testemunho disso, tal como a do *Enola Gay* na Smithsonian Institution, em Washington, no momento de uma exposição relativa aos bombardeios atômicos: o museu encontrou-se envolvido em discussões de cunho histórico e ético para as quais ele fornecia o local de exposição, mas não pôde ou não soube encontrar uma solução por não ter assumido uma escolha. Em outros lugares, tal como no Imperial War Museum North, instalado em Manchester, em 2002, em um prédio projetado por Daniel Libeskind, solicita-se aos visitantes – depois de mergulhá-los em provações de guerra sofridas por seus pais ou avós – suas lembranças, reais ou inventadas. De fato, em vez de contribuir para a comunhão nacional pelo luto – evocada por E. Renan, em sua famosa conferência na Sorbonne, em 1882[14] –, trata-se de levar a compartilhar uma experiência da vida passada que encontra sua lógica no consumo de produtos novos, mas "de época", à venda na loja, lembrando os aspectos insignificantes ou pitorescos da guerra através dos racionamentos, da moda ou das canções.

A ética profissional dos historiadores universitários distingue as representações do passado e a realidade da história

---

[14] "Qu'est-ce qu'une nation?", cf. "O que é uma nação?". *Revista Aulas*, v. 1. São Paulo: Unicamp. Ago/set. 2006. Disponível em: www.unicamp.br/~aulas/ VOLUME01/ernest.pdf. (N.T.)

em nome da objetividade do pesquisador: esse "nobre sonho" (Peter Novick) rejeita, como outras tantas instrumentalizações, os usos públicos – e, especialmente, oficiais – do passado. Se a história no presente pretende apreender, com cada objeto, o conjunto das memórias que o constituem e contribuem para sua significação, isso ocorre em nome de uma história da memória coletiva – de uma história crítica dirigida contra a história-memória nacional. A disciplina reivindica o fato de escrever, simultaneamente, uma história das representações do passado e uma história "pura" da realidade do passado – por exemplo, em nome da "curiosidade" (Paul Veyne). Tal não é o caso dos novos museus de história, cuja arquitetura é manifestamente simbólica, que participam de uma perspectiva comemorativa, ou que pretendem acabar com uma guerra de memórias: eles devem sua abertura à vontade política de colocar algumas lembranças no primeiro plano da consciência coletiva e, se for o caso, após uma pacificação, uma reconciliação – no mínimo, um processo de transição. Com base na colaboração de movimentos políticos e sociais – guardiões de memórias, outrora, censuradas –, esses museus favorecem o trabalho de luto de uma forma, ao mesmo tempo, "familiar e assustadora", segundo a fórmula do Museu do Apartheid de Joanesburgo. Com esse desígnio, o museu apega-se a uma verdade do passado enraizada no presente, sob a perspectiva de memórias e valores inscritos no âmago dos debates cívicos e políticos.

O museu de história é, daí em diante, não tanto a oficina que o historiador visitava com certa displicência para suas pesquisas, mas o veículo de diversos empreendimentos de vulgarização. Acima de tudo, ele tende a se tornar a clínica dos atos de memória (Marie-Claire Lavabre) e, em primeiro lugar, das lembranças mais traumáticas, quando sua exposição faz as vezes de discussão pública. Seu desafio torna-se central para definir um passado justo, conjugado no presente: este aparece aí, geralmente, sob a forma descontínua de episódios singulares, enfatizados ao ritmo das comemorações e de acordo com a agenda da urgência social, em vez de serem situados na perspectiva de um projeto específico atribuído a objetos particulares, como era outrora a regra no museu.

Capítulo IV

Os museus da França

∾

A especificidade do museu francês, em comparação com outros países, tem a ver em primeiro lugar com suas origens revolucionárias, ou seja, com uma gênese caótica, às vezes, esquecida por trás do elogio convencional das instituições. Sua construção é baseada, com efeito, no confisco dos bens do clero e, em seguida, dos nobres que haviam emigrado durante a Revolução, assim como nas antigas coleções régias e nas conquistas militares. Eis o que o distingue absolutamente seja de instituições italianas ou alemãs inscritas na longa duração de uma tradição de Antigo Regime reconduzida amplamente no decorrer do século XIX; seja, ainda, do British Museum cuja fundação é parlamentar. Mas, acima de tudo, o museu francês se caracteriza, de maneira duradoura, por uma relação singular com o Estado.

A arte, o museu e o Estado

Sob o Antigo Regime, a arte francesa apoia-se em um mecanismo institucional que permite aos artistas produzir e vender suas obras em um quadro amplamente controlado pela dinâmica das compras e das recompensas mais ou menos simbólicas. A Académie (cf., mais abaixo), com o *Salon* (POULOT, 2011a, nota 4), ocupa aí um lugar central, fornecendo em suma o conjunto das informações necessárias a todos os participantes, aos artistas e a seu público. Esse funcionamento entra em uma crise aberta a partir do século XIX, no termo de um longo declínio desse monopólio da informação e da exposição. Pouco a pouco, os artistas independentes, os críticos profissionais e os *marchands* desempenham um papel importante, acabam com o *Salon* em sua forma tradicional, além de criticarem vigorosamente os procedimentos de compra de obras que ocorrem nesse espaço, culminando *in fine* em um novo ideal de museu de arte contemporânea, em vez e no lugar do Palais du Luxembourg;[15] assim, é desmantelado um conjunto de instituições que, durante dois séculos, haviam dirigido, com maior ou menor grau de controle, o mundo das artes. No século XX, as relações dos museus com o Estado se integram em outro quadro: o de políticas do desenvolvimento cultural. No limiar do século XXI, enfim, uma nova definição do "musée de France" é elaborada a fim de estabelecer uma hierarquia no conjunto relativamente indistinto dos estabelecimentos, além de implementar uma apropriação das coleções pelas coletividades das diferentes regiões.

A tradição do Salon

O museu de arte, na França, ostenta a marca de uma instituição bem anterior, o *Salon* da Académie Royale de Peinture et de Sculpture [Academia Régia de Pintura e de Escultura],[16] destinado a conferir uma recompensa pública aos artistas protegidos pelo rei. A manifestação assume sua forma clássica e regular no decorrer do século XVIII, atraindo provavelmente até 100.000 visitantes. O júri, criado em 1748, reúne exclusivamente pintores de história dessa Académie, com o objetivo de promover o bom gosto, o único apropriado para ilustrar a glória do rei e de suas encomendas, contra o "gênero".

No entanto, a busca de uma exposição de referência, capaz de colocar em paralelo a produção contemporânea com exemplos canônicos do passado, faz apelo aos recursos "encobertos" da coleção régia para imaginar uma exposição permanente dos modelos no Louvre. A galeria aberta, durante algum tempo, na ala leste do Palais du Luxembourg

---

[15] Local em que foi instalado, em 1750, o primeiro museu francês, aberto ao público, dedicado à pintura; e, a partir de 1818, o primeiro museu de arte contemporânea. Cf. mais abaixo. (N.T.)

[16] A Académie, fundada em 1648, havia formulado o projeto de expor anualmente as obras de seus membros. Em 1725, a exposição foi realizada, pela primeira vez, no Salon Carré [Salão Quadrado] do Louvre; com o decorrer dos anos, esse nome acabou sendo atribuído à manifestação. (N.T.)

(1750-1779) responde a essa exigência difusa de emulação, regida por modos de organização, preocupações pedagógicas e critérios estéticos inspirados na literatura e na prática acadêmicas. O *Salon* de 1789 apresenta a primeira tentativa de iluminação zenital na perspectiva de uma experimentação museográfica. O projeto de instalar no futuro Muséum, com a coleção régia, as estátuas dos homens mais ilustres e as obras-primas oriundas do patrocínio monárquico evoca um Westminster francês, no qual o culto dos eminentes servidores da nação viria reforçar a imagem do soberano – em que a arte defenderia, de alguma forma, a causa do rei diante da posteridade. A sobrecarga patriótica singular do museu francês, sua identificação contínua no Louvre satisfazem essa configuração inicial.

A Revolução Francesa e os meios de agir dos museus

Sob a Revolução, a afirmação dos direitos humanos leva a reivindicar o acesso às obras de arte como se se tratasse de um direito legítimo ao qual a República deve satisfazer de maneira eficaz e equitativa, em nome de uma fruição – durante muito tempo, impossível de ser experimentada – e de um exercício dos talentos, durante muito tempo, obstruído. O fruto do colecionismo régio, regenerado pela liberdade, deve suscitar o entusiasmo dos artistas, instruir o povo e transmitir "novas lições" para a posteridade. No vazio institucional aberto pela supressão da maior parte das escolas e associações, o museu pode materializar o ideal de uma transmissão livre e imediata do Belo e dos princípios, pela simples vista de modelos que viesse a irrigar todo o corpo social. Desde o início, sua legitimidade é, no entanto, contestada severamente: assim, pelos mais radicais revolucionários que se questionam sobre a utilidade de conservar um legado execrável. No caso de obras cujos temas sejam ofensivos, chega-se a imaginar até mesmo um "museu sequestrado": em 9 de germinal do ano II, o conservador do Louvre decidiu "colocar essa espécie de quadros, quando forem obras-primas, em um lugar em que seriam mostrados apenas aos artistas suscetíveis de tirar partido deles".

Os curadores do Muséum devem colocar "todos os objetos de arte [...] de modo que cada objeto seja visto nas condições mais favoráveis de exposição e seja conservado em seu melhor estado". Mas seu ministro de tutela, Roland, indica com precisão que "se trata de uma ideia estranha o fato de acreditar que seja importante para os artistas estar em condições de comparar facilmente as diferentes épocas e as diferentes maneiras de cada um em particular. [...] O Muséum não é exclusivamente um lugar de estudo, mas um canteiro que deve ser enfeitado com as cores mais brilhantes; convém que ele suscite o interesse dos amadores sem deixar de divertir os curiosos".

O debate museográfico no Louvre

Tais pressupostos ferem a susceptibilidade dos especialistas. O *marchand* Le Brun lamenta que alguns artistas tenham sido colocados à frente da iniciativa porque "não se tratava de fazer quadros, nem de instruir alunos. Era necessário estar em condições de apreciar as produções dos outros, de distinguir os diferentes mestres que, apesar de pertencerem à mesma escola, não deixam de ter individualmente um caráter particular e original". Por sua vez, o restaurador Picault escreve em 1793: "Todos os quadros dispersos da República deveriam ter sido reunidos; em seguida, deveriam ser selecionados os mais perfeitos, ou seja, aqueles que são úteis para a instrução e para a época das artes, assim como aqueles que nos fazem ver as diferentes maneiras dos mestres para convertê-las em uma progressão comparativa".

O pintor Alexandre Lenoir, em sua obra *Essai sur le muséum de peinture* [Ensaio sobre o museu de pintura], propõe – em vez de classificar "as produções da pintura seguindo as escolas – um percurso a seguir muito mais prolongado e mais favorável para a instrução pública pelos paralelismos que ele exige: eis uma forma de associar a história das artes à dos tempos". Retomando por sua conta essas críticas, o pintor David toma a defesa, em 27 de *nivôse* do ano II, de um museu verdadeiramente revolucionário: "O Muséum não é, de modo algum, a fútil reunião de objetos de luxo ou de frivolidade que devem servir apenas para satisfazer a curiosidade. Convém que ele se torne uma escola importante. Os professores primários conduzirão seus jovens alunos a esse lugar; assim como o pai levará o filho".

Em prol de uma carreira liberal no âmbito das Belas-Artes

Grande gestor da arte revolucionária, David pretende também suprimir o que ele considera um insuportável gargalo acadêmico e converter o museu em uma instituição-chave do novo sistema das artes. Desde 1791, o ideal democrático de uma carreira livre, aberta a todos os talentos, leva a ampliar o *Salon*. A supressão ulterior do júri implica, em 1793, a exposição de mais de mil obras, o que provoca a ruína da manifestação e leva a restaurar o princípio de uma seleção prévia para excluir os trabalhos mais medíocres. No termo dessas oscilações, o crítico e historiador da arte Émeric David expõe, no ano IV, o princípio de uma nova articulação entre *Salon* e museu que deveria apoiar-se em um Museu Olímpico encarregado de receber as melhores obras contemporâneas e de incentivar a emulação. No âmbito dessa administração perfeita dos talentos sob o modelo liberal, o museu desempenha o papel principal: "É necessário que a impaciência para entrar no museu e o medo de ver deslustrar sua glória venham a instigar constantemente a emulação; que os meios de obter essa recompensa sejam bem definidos, seguros e nobres como ela. Enfim, deve ser garantida ao gênio a independência natural reivindicada por ele; e, considerando que o gosto do público precisa de esclarecimentos e de liberdade, o estabelecimento deve garantir a satisfação dessas necessidades".

A tradição distributiva nacional

As vitórias dos exércitos revolucionários, que são acompanhadas de uma busca dos objetos de ciências e de artes, devem encher esses museus com modelos. Desde Van Dyck e Rubens até o Apolo do Belvedere, a ficção de um repatriamento das obras-primas de arte para o país de origem comemora os sequestros cometidos na Bélgica e na Itália. Assim, o museu deve supostamente realizar a verdade da história, justificando todas as espoliações, já que os "monumentos da glória dos séculos antigos", nesse espaço, "se tornam os monumentos da glória dos franceses". Sob o Consulado (1799-1804), J.-A. Chaptal coordena e racionaliza tal operação ao distinguir *de facto* dois tipos de museus: a coleção com finalidade pedagógica, documental e universal, vinculada à escola de desenho; e a coleção de identidade local dedicada às peculiaridades do lugar. Em 1801, 15 cidades – incluindo Genebra, Mogúncia e Bruxelas – se beneficiam de obras enviadas de Paris, no decorrer de uma distribuição que pretende ser, simultaneamente, ato político e manifestação dos valores da civilização.

Sob o Império (1804-1814), os conservadores do Louvre sublinham a excelência de uma organização concebida como "uma sequência cronológica de quadros que oferece [ao público] os meios de estudar, a partir das obras originais, a história da arte, a da caminhada e desenvolvimento da inteligência humana". Ao contrário, Quatremère de Quincy acrescenta – à sua primeira condenação moral do confisco de bens, na França, em nome do respeito pelo contexto patrimonial romano – sua rejeição do museu no sentido em que ele suscitaria uma arte sem lugar de destino (GOMES JÚNIOR, 2007). A museofobia surgiu, assim, de escolhas políticas e intelectuais que afirmam o seguinte: qualquer objeto deve ser (re)colocado no seu lugar para lhe restituir sentido e legitimidade – no mínimo, para fortalecê-lo e enriquecê-lo. Se a devolução das obras se impõe, finalmente, em setembro de 1815, é porque, se dermos crédito ao duque de Wellington, a causa dos museus franceses está perdida, há muito tempo, na opinião dos artistas e *connaisseurs*: afirmação não isenta de preconceito, mas que tem, sem dúvida, uma parte de verdade, apesar do entusiasmo dos estrangeiros que visitam o Louvre.

A reorientação liberal dos museus

A segunda Restauração (1814-1830) consigna as restituições às potências estrangeiras e pretende compensar as perdas das obras-primas antigas ou oriundas do exterior mediante a valorização da Escola Francesa – tal como o Museu do Vaticano havia procedido ao expor o *Perseu triunfante* de Canova, após a perda do Apolo de Belvedere. Contrariamente à anticomania republicana, a inauguração do Museu do Luxemburgo, em 24 de abril de 1818, é uma oportunidade para afirmar que, nesse espaço, "tudo é nacional, tudo é moderno". De fato, apesar dos ardis incipientes da arte política, os museus acolhem regularmente a arte contemporânea mostrada nos *Salons*, a começar pelo Luxemburgo e, em seguida, no termo de um período mais ou menos considerável, no Louvre.

A crise do Salon

Na primeira metade do século XIX, o número de obras e de artistas recebidos no *Salon* continua crescendo, passando de 293 expositores em 1806 para 1.900 em 1848. O júri, composto unicamente de acadêmicos, limita o acesso a menos de um terço dos postulantes. Paralelamente, o governo concede diferentes medalhas aos artistas, o que lhes permite, mais tarde, se apresentar *hors concours* nos *Salons*. No topo, o Prêmio de Roma oferece ao artista vencedor uma estada de estudo na Académie de France, além da promessa de uma carreira oficial.

Em 1848, a Segunda República – que se mantém até 1852 – retoma as diretrizes de 1789. Philippe de Chennevières recopia, em seguida, para Ph.-A. Jeanron, diretor dos museus, as *Instructions* [Instruções] do ano II, desenhando uma espécie de vulgata republicana do museu, marcada pela centralização no Louvre e pelo controle, mais ou menos exigente, dos estabelecimentos de província (regulamentos e inspeções, envios de obras e intercâmbio). O museu destina-se a ilustrar a grandeza das artes e, portanto, a servir a glória dos artistas, organizando concursos ou confiando-lhes cargos (em detrimento dos especialistas oriundos do mundo *marchand* ou do colecionismo) e, até mesmo, a socorrê-los mediante encomendas (incluindo os trabalhos diversificados de restauração, cópia, moldagem e gravura).

Após 1848, alguns artistas independentes juntam-se, no júri do *Salon*, aos artistas acadêmicos. O número de candidatos aceitos na exposição continua crescendo, passando de cerca de 3.500, no decorrer da década de 1860, para cerca de

7.000 em torno de 1880. Simultaneamente, o sucesso da manifestação bate recordes: com efeito, se o número de visitantes tinha sido multiplicado por três do final do século XVIII à Restauração, 360.000 pessoas visitam o *Salon* de 1870 e mais de 500.000, o de 1874. Apesar desse crescimento geral, a hegemonia do *Salon* em relação ao mundo da arte está exposta a uma contestação organizada.

O novo mundo da arte

O primeiro período do século XIX apresenta exposições isoladas, fora do *Salon*, por iniciativa dos pintores, ou de diferentes empresários – por exemplo, em favor dos candidatos recusados –, mas sem dar origem a uma verdadeira secessão, como é o caso dos impressionistas, em 1874, que constitui o prelúdio para a criação do *Salon des Indépendants* [*Salon dos Independentes*]. A crítica profissional nos jornais fornece ao público um meio de formar seu julgamento, contrariamente ao expediente oficial que põe em prática uma justiça distributiva em relação aos artistas, convertendo o reconhecimento do Estado cada vez mais insignificante no decorrer de uma carreira.

O *Salon* acaba sendo assumido por uma empresa privada de artistas em 1881, enquanto o governo pretende criar uma nova tradição de exposições destinadas, com uma frequência reduzida, a retornar à tradição acadêmica: uma única exposição desse tipo foi organizada em 1883. Daí em diante, deixa de existir o *Salon*, no sentido pleno do termo, e são organizadas exposições e galerias concorrentes que disputam a preferência do público. Em meados da década de 1880, "ninguém – seja os críticos, o público, a administração, seja os artistas em sua esmagadora maioria – defendia a ideia de uma restauração dos valores acadêmicos" (Mainardi, 1993).

O fim do *Salon* se inscreve em uma evolução política e estética, mas também sociológica, que ilustra o diagnóstico elaborado por Harrison e Cynthia White sobre a passagem de uma gestão administrativa das carreiras para o livre jogo do *marchand* e do crítico no âmbito da troca econômica (White, 1991). O museu se tornou paralelamente uma engrenagem do sistema das Belas-Artes, a serviço da prosperidade pública e do gosto nacional, assim como da consolidação do regime, graças a intervenções "políticas": uma inspeção é implementada e o governo Gambetta decide, em 24 de janeiro de 1882, abrir uma escola de administração dos museus, a École du Louvre, cuja incumbência consiste em recrutar conservadores, adjuntos e assessores – ela se transforma rapidamente em escola de arqueologia e de história da arte. Finalmente, a criação da Réunion des Musées Nationaux (RMN – Reunião dos Museus Nacionais), pela Lei de Finanças de 16 de abril de 1895, após longos debates, permite que os museus nacionais, na França, adquiram certa independência.

A arte liberada?

Nesse quadro, a aliança do museu com a escola foi particularmente pregnante na representação republicana. Se as duas instituições contribuem diretamente para a formação dos artistas e dos profissionais de arte, os museus devem também acompanhar uma pedagogia do olhar para todos os cidadãos. Durante os debates sobre o ensino do desenho, por volta de 1879, existe a expectativa de que o desenho, vulgarizado como a escrita, venha a "consolidar a razão pública que deve singularmente favorecer a estabilidade geral" porque "aquele que vê corretamente acaba por pensar de forma mais criteriosa e, pensando desse modo, ele retém suas ideias em melhores condições". Em 1905, a Comissão Dujardin-Beaumetz sobre a "organização dos museus da província" reconhece, no "desenvolvimento dos cursos de desenho", "a razão que determina em um grau cada vez maior [...] a criação de novos museus ou a instalação mais conveniente das coleções já existentes". Nesse aspecto, o lugar dos museus no sistema da instrução pública ou, mais amplamente, na hierarquia das competências e dos saberes está vinculado ao do sentido da vista no âmago das capacidades intelectualmente legítimas; tal posicionamento passa por uma evidente desvalorização no decorrer do século XX, com a degradação desse órgão no cerne da reflexão filosófica e literária na França (JAY, 1993).

Em outro plano, o final do século XIX assiste à retomada da questão sobre as relações entre a arte e o Estado. Numerosos são os artistas que, ao reivindicar sua liberdade, desejam definir pessoalmente o enquadramento da recepção – para não falar do incentivo – de seu trabalho. Tal é o caso da revista *Les Arts de la Vie* [As Artes da Vida], que publica, em outubro de 1904, uma "pesquisa sobre a separação entre as Belas-Artes e o Estado", por ocasião do debate sobre o orçamento das Belas-Artes na Assembleia Nacional. Alguns anos depois, o questionário enviado pelo jornalista Georges Charensol para diversos agentes de intervenção no mundo da arte, concomitantemente à pesquisa empreendida pela revista *L'Art Vivant* [A Arte Viva], em 1925, a propósito das responsabilidades do Estado na elaboração de um verdadeiro museu da arte moderna, baseia-se em premissas praticamente similares. As respostas, bastante heteróclitas, é verdade, manifestam no conjunto um profundo desencantamento em relação ao sistema das Belas-Artes e dos museus que dependem delas; além disso, os entrevistados colocam sua expectativa no bom gosto dos mecenas e no livre funcionamento do mercado para oferecer suporte às novas formas (MICHAUD, 1996).

A fundação de uma política cultural

No final da Primeira Guerra Mundial, aparecem novos interesses políticos respaldados na defesa, assim como na promoção da arte e da cultura; assim, em torno do PCF [Partido Comunista Francês], a Maison de la Culture [A Casa da Cultura] – fundada, em 1935, por Louis Aragon, André Malraux e Paul Nizan – defende o romance francês e o cinema, antes que o Front Populaire[17] [Frente Popular] venha a conceber iniciativas ambiciosas, mas que permaneceram em germe ou, desde logo, foram interrompidas. A configuração contemporânea das relações entre a arte e a coletividade pública se esboça, de qualquer modo, por ocasião de algumas aberturas exemplares. A criação do Palais de la Découverte [Palácio da

---

[17] Coalizão de esquerda, conduzida pelo socialista Léon Blum, que é majoritária nas eleições legislativas em maio de 1936. (N.T.)

Descoberta], no momento da Exposição Universal de 1937 –primeiro museu destinado a ilustrar a dinâmica da ciência e resposta exemplar à demanda formulada por toda parte de um museu vivo – é também o resultado do encontro entre "a idealização corporativista e o materialismo político" (EIDELMAN, *in* SCHROEDER-GUDEHUS, 1992). Depois da guerra, uma vez eliminada a tentativa autoritária da revolução nacional para impor uma cultura de Estado, a modernização socioeconômica em curso vê a arte contemporânea – a dos artistas posteriores à década de 1960 – tornar-se, aos poucos, uma questão pública.

A fórmula do historiador da arte Georges Salles ao inaugurar o Musée National d'Art Moderne [Museu Nacional de Arte Moderna], finalmente, aberto em 1947, no Palais de Tokyo – "Hoje, acaba a separação entre o Estado e o talento artístico" –, é significativa de uma vontade inédita, encarnada durante muito tempo pelo conservador Jean Cassou. Mas, apesar de algumas iniciativas notáveis – esse período não é um deserto museológico –, a criação de um Ministério da Cultura com De Gaulle e Malraux, como ministro, fornece *a priori* outras oportunidades de ação nessa área. Ocorre que, para evocar um exemplo revelador, os museus nunca haviam comprado, antes da morte de Picasso, além de duas obras: o quadro *Femme lisant* [Mulher que lê] do Museu de Grenoble, graças ao excepcional conservador que era Andry-Farcy, em 1920; e um papel colado de pequeno formato em um leilão em 1950.

Malraux construtor

As disposições pessoais do ministro – autodidata em questões tanto artísticas quanto administrativas – e a necessidade de definir uma ação específica, o impelem a escolhas radicais: "O conhecimento está na Universidade; o amor, talvez, está em nós". Desse modo, Malraux pretende romper com a tradição republicana da Instrução Pública, em nome de uma relação ao tempo, à política e à arte, vinculada intimamente à sua filosofia estética. O decreto de 24 de julho de 1959 anuncia que sua "missão [consiste em] tornar acessíveis as obras capitais da humanidade e, em primeiro lugar, da França, ao maior número possível de franceses". Mas a irradiação internacional não é esquecida: desde 1949, a diplomacia francesa está consciente de que a ideia da arte moderna manifesta-se em Nova York e o novo ministério pretende enfrentar tal desafio pelo lançamento, em 1959, da Biennale des Jeunes Artistes [Bienal dos Jovens Artistas] para apresentar o "estado da pintura no mundo". Uma política de exposições sobre o patrimônio – um de seus momentos relevantes foi a viagem da *Mona Lisa* aos EUA – participa desse ativismo cultural que faz escola, em particular, no Quebec (Canadá), região em que se esboça a mesma política cultural.

11. VENTURAS E DESVENTURAS DA INOVAÇÃO CULTURAL

Se o novo ministério herda uma parte de seus serviços da Educação – esse é o caso da Direction Générale des Arts et des Lettres [Direção Geral das Artes e Letras] –, ele inventou outras atividades, tais como as Maisons de la Culture e o Inventário das Riquezas da Arte, ao recusar a cultura das personalidades ilustres, o academicismo e sua pedagogia (mas o Prêmio de Roma só é suprimido em 1970). Em muitos aspectos, no entanto, as inovações acalentadas fracassam ou emergem esporadicamente às margens desse ministério: por exemplo, a abertura vislumbrada por Malraux de um eventual museu das "artes selvagens", dedicado às obras-primas do Musée de l'Homme [Museu do Homem], ilustra perfeitamente a batalha com o Ministério da Educação Nacional, de quem depende tal museu; uma DMF (Direction des Musées de France [Direção dos Museus da França]) cética; assim como a própria desconfiança do ministro relativamente aos conservadores e cientistas. A iniciativa passa, então, por particulares: Georges-Henri Rivière apoia "a ação de Alix de Rothschild, presidente da Société des Amis du Musée de l'Homme [Sociedade dos Amigos do Museu do Homem] que produz algumas exposições memoráveis com a ajuda de Marcel Évrard", de 1965 a 1972, na ala Paris do Musée du Trocadéro (VIATTE, 2001). À semelhança do que ocorre no domínio da arte moderna, nada foi inventado pelas próprias instituições e suas tutelas.

Uma estrutura de exposições, tal como ARC (Animation-Recherche-Confrontation [Animação-Pesquisa-Confronto), em Paris, deve ser, no entanto, mencionada *a contrario*. Ela foi criada em 1966, dirigida por Pierre Gaudibert e depositada no Musée d'Art Moderne de la Ville de Paris [Museu de Arte Moderna da Cidade de Paris], que, por sua vez, foi instalado em 1961 no Palais de Tokyo, mantendo sua vinculação direta à Direction des Beaux-Arts [Direção das Belas-Artes]. Às artes plásticas, propriamente ditas, são acrescentadas diversas seções dedicadas ao cinema, à dança, ao jazz, ao teatro e, em particular, à música contemporânea. Após maio de 1968, a posição de ARC torna-se difícil, tendo de enfrentar críticas e a contínua suspeita de uma mítica "recuperação" pela instituição cultural. Suzanne Pagé, que retoma essa estrutura em 1973, procede ao apuramento do passivo dos confrontos políticos, inscrevendo-se no âmago das atividades artísticas internacionais, além de manter o jazz e a música contemporânea. O modelo museográfico acaba adotando o da mobilidade, desde os tabiques até as molduras destinadas a dependurar os quadros, em benefício de uma descoberta permanente de artistas, desde os primeiros encontros até as exposições oriundas do exterior, em particular, norte-americanas e alemãs. O sucesso da estreia do vídeo em ARC, durante os anos de 1973-1974, redunda na definição de um espaço *ad hoc*. As exposições da década de 1980, as instalações ou as obras *in situ* desenham uma relação específica dos artistas com esse local, singular em comparação com o resto da cena museográfica parisiense; em 1988, o espaço ARC, confiado a Suzanne Pagé, inscreve-se no âmbito do museu propriamente dito.

O rápido desenvolvimento na área administrativa

Após sua eleição, em 1969, o presidente francês Georges Pompidou pretende apresentar, mediante a exposição *72/72* (72 artistas em 1972), "uma seleção de obras de todos os principais pintores e escultores vivos que vivem e trabalham na França, sejam eles franceses ou tenham procurado precisamente em nosso país o ambiente apropriado para o exercício de sua arte". Vítima das tensões na sequência de maio de 1968, a iniciativa é um fracasso, mas o outro grande projeto, o Centre Beaubourg, imaginado no final 1969 e aberto no início de 1977, ilustra uma nova relação entre arte e cultura no âmago do museu, graças a Pontus Hulten, seu primeiro diretor, recrutado do Modern Museet, em 1973. Definido por seus arquitetos, Renzo Piano e Richard Rogers, como um centro de informação e entretenimento – além de fazer lembrar, inicialmente, Times Square –, esse Centre fornece efetivamente espaços consideráveis, para seu tempo, aos conservadores que montam aí exposições emblemáticas dedicadas aos diálogos parisienses com o mundo. As prioridades continuam sendo a constituição de um patrimônio de arte contemporânea, em nome do atraso a ser preenchido, e a preocupação relativa à democratização com uma bateria de inovações, às vezes, decalcadas no TNP[18] de Jean Vilar (serviço de assinaturas para determinada temporada, diferentes modalidades de fidelização, diversificação dos públicos).

O objetivo de 1% do orçamento francês para o ministério Malraux é atingido, pela primeira vez, a partir da década de 1980; aliás, esse valor acabou passando, em 1982 – após a chegada da esquerda ao poder, com a eleição do presidente socialista François Mitterrand, em maio de 1981 – de 3 para 6 bilhões de francos; daí em diante, uma Délégation aux Arts Plastiques [Delegação para as Artes Plásticas] funciona em

---

[18] Sigla de Théâtre National Populaire [Teatro Nacional Popular]: tendo sido fundado com recursos públicos em 1920, foi dirigido pelo ator e encenador Jean Vilar, entre 1951 e 1963, que deu nova vida às obras clássicas, além de ter conseguido atrair um amplo público para as peças de autores contemporâneos. (N.T.)

paralelo, simbolicamente, com a Direction des Musées de France [Direção dos Museus da França] e com as outras estruturas patrimoniais, sem nenhum corte em suas despesas. A descentralização cultural, iniciada a partir de 1974, continua com os Fonds Régionaux d'Art Contemporain [Fundos Regionais de Arte Contemporânea], que devem associar constituição de coleções, intervenções artísticas regionais e sensibilização do público, enquanto os Fonds Régionaux d'Acquisition des Musées [Fundos Regionais de Aquisição dos Museus] se empenham na compra de obras mais clássicas.

A categoria do patrimônio, inaugurada pelo Ano do Patrimônio, em 1980, sob o presidente Giscard d'Estaing, conheceu uma extensão contínua e alcançou um sucesso que, desde então, nunca mais foi desmentido. A proliferação de exposições e a ambiciosa política de construções e de renovações de museus ou de centros de arte são levadas a seu termo: entre os principais museus, apenas Dijon e Bordeaux não completaram sua renovação. No entanto, tais investimentos culminam curiosamente na constatação – aliás, bastante midiatizada a partir das investigações do Ministério da Cultura francês, mas relativizada por estudos sociológicos mais especializados – de que os objetivos da democratização não haviam sido atingidos (EIDELMAN; ROUSTAN; GOLDSTEIN, 2007). Paralelamente, o canteiro institucional dos museus permaneceu bloqueado, durante muito tempo, pela lei de 13 de julho de 1945, que incidia sobre a organização provisória dos museus de Belas-Artes e que, entretanto, se tornou obsoleta.

O atual enquadramento legal dos museus franceses

A Lei sobre os Museus da França, de 4 de janeiro de 2002, é o desfecho de uma longa espera e, mais especificamente, de uma reflexão de vários anos; trata-se, em primeiro lugar, de "redefinir o papel e a posição do museu diante das expectativas da sociedade enquanto ator a serviço do desenvolvimento e da democratização culturais". O texto comporta, efetivamente, a afirmação explícita de missões não só de natureza patrimonial, mas também de educação e difusão, tal como a obrigação de inscrever a escolha tarifária no âmbito de uma política cultural. Sob este último aspecto, a lei deixa em aberto o debate entre o que se pode qualificar como os defensores da "miragem quantificativa" (para quem a gratuidade faz as vezes de sésamo da cultura) e os da "miragem qualificativa" (a gratuidade seria da ordem do símbolo) (ROUET, 2002).

Trata-se, em seguida, de harmonizar o estatuto dos museus reconhecidos pelo Estado e de federá-los, se possível, de acordo com suas especificidades. Pela primeira vez – e, nesse aspecto, em conformidade com a definição do ICOM ou com o exemplo de outras políticas internacionais –, a lei se aplica a todos os museus reconhecidos pelo Estado, qualquer que seja sua tutela administrativa: assim, um Haut Conseil des Musées de France [Conselho Superior dos Museus da França] será o representante dos diferentes tipos de estabelecimentos a fim de reunir seus responsáveis. A proteção das coleções é um elemento essencial, uma vez que a inalienabilidade é declarada no âmbito da dominialidade pública, de maneira particularmente restritiva, enquanto determinadas discussões prévias tinham vislumbrado, de preferência, recorrer aos modos de *deaccessionning* peculiares aos museus norte-americanos. As disposições de natureza fiscal permitem que as empresas sujeitas a imposto de renda se beneficiem de uma redução desse imposto, no caso de pagamentos efetuados em favor da compra, pelos "musées de France", de tesouros nacionais que tenham sido objeto de uma recusa de certificado de exportação.

12. PATRIMÔNIO IMATERIAL, TERRITÓRIOS DE PROJETO* E POLÍTICAS CULTURAIS

O lugar da etnologia nos projetos culturais empreendidos em diferentes escalas políticas foi marcado, após a geração dos ecomuseus, pela elaboração recente de "territórios de projeto" cada vez mais numerosos e diversificados. A valorização do patrimônio imaterial, e sua relação com os museus, aparece explicitamente, em especial, no programa de desenvolvimento rural da Córsega 2007-2013, nos considerandos do Conselho Socioeconômico Regional Rhône-Alpes, na reflexão sobre o território de projeto do *Pays Vichy-Auvergne*, no projeto de território *Pays Basque* – 2020, na reflexão conduzida na Região Languedoc-Roussillon, etc. Neste último caso, a criação em 2003 do Parc Naturel Régional de la Narbonnaise [Parque Natural Regional da Província de Narbonne] e a operação "Les archives du sensible" [Os arquivos do sensível], focalizada no patrimônio imaterial, em 2006, são bastante reveladoras das construções identitárias – reinventadas e, muitas vezes, passadas nos últimos anos – do espaço dos parques e dos ecomuseus no âmbito fornecido por diversos "territórios de projeto" vinculados aos contratos de *pays*. Isso equivale a dizer o quanto se tornou crucial o jogo "dialético" entre "as recomposições no plano dos 'territórios' e a invenção de novas políticas culturais pelo fato de serem concebidas a partir dos recursos desses mesmos territórios".

Na escala dos *pays*, o projeto parece perseguir, sobretudo, "a busca impossível do geossímbolo", relegando ao esquecimento uma parte constitutiva da sociedade e do território. No plano nacional – e no momento em que o ministério francês da Cultura, confrontado com cortes no orçamento e com uma crise de legitimidade, esmiuçado por numerosos relatórios de comissões, parece ter a obrigação de empreender suas missões –, o patrimônio imaterial adiciona as dificuldades para ser levado em consideração a uma série de questões não revolvidas. Por sua vez, a etnologia francesa é interpelada diretamente pelo princípio de uma política do patrimônio imaterial que se exerce da postura documental à postura participativa, passando do inventário *stricto sensu* para a construção de dispositivos que permitem a análise da caracterização patrimonial.

A legitimidade da conservação e da valorização de um patrimônio imaterial, no todo ou em parte, baseia-se, atualmente, no interesse geral do público – e de comunidades – pela memória, por seu trabalho e suas representações. O interesse erudito manifestado pelos lugares de importância para a nação, pelos monumentos históricos e pelos territórios afetados pela conversão patrimonial se concentra, aliás, daí em diante, no exame das modalidades de uma relação que, supostamente, acaba por "domesticar a história" (FABRE, 2000). A relação erudita com o patrimônio imaterial se inscreve, com toda evidência, na perspectiva de uma leitura das construções – que continuam sendo mais ou menos voláteis – da identidade e das tradições, entre continuidade de intenções e deslocamento dos horizontes de referência; em muitos casos, ela vem acrescentar-se a dispositivos já existentes que haviam tomado o encargo, às vezes, há cerca de dois séculos, de bens materiais, móveis e imóveis, quadros e ferramentas dessas produções de natureza espiritual.

Tal relação vem reforçar, sobretudo, o que faz sem dúvida a especificidade do museu de etnologia, desprovido de "tesouros", mesmo que ele disponha de alguns: a consagração de um território. Desse ponto de vista, a situação da França é paradoxal. Identificada solidamente com um território nacional – o *Hexagone*,[19] sua derradeira representação, é, no sentido pleno da palavra, um lugar de memória, e o pensamento das fronteiras marcou profundamente sua herança historiográfica e intelectual –, ela não deixa de andar às voltas, há quase dois séculos, com uma vertigem das divisões territoriais. A última figura de uso político do território de projeto, ou seja, o *pays*, em sua vontade de promover uma verdadeira democracia de proximidade parece ser capaz de fornecer um ponto de sustentação para as manifestações do patrimônio imaterial, inclusive, após a utopia do ecomuseu. No entanto, os pontos fracos do empreendimento patrimonial aplicado ao imaterial são evidentes: é inegável a presença dos riscos de um devir emblemático e sentimental do patrimônio imaterial que manteriam a França afastada, no decorrer da década de 1980, do

---

[19] Literalmente, hexágono: metonímia aplicada ao território francês, na Europa, cujos contornos geográficos fazem lembrar essa figura geométrica. (N.T.)

> desafio erudito representado pela afirmação de um patrimônio etnológico. O eventual fracasso exerceria uma influência considerável sobre o processo de adoção de normas internacionais de definição e de governança do patrimônio, assumidas no lugar daquelas baseadas em uma administração centralizada, entre conhecimento disciplinar e gestão museográfica.
>
> * Cf. nota 10. (N.T.)

Enfim, a lei se inscreve em uma lógica de descentralização ao organizar a transferência de propriedade relativamente aos depósitos do Estado anteriores a 1910 para as coletividades das diferentes regiões, ou seja, várias dezenas de milhares de obras, como prelúdio às numerosas reorganizações previstas no âmbito da cooperação intermunicipal, por exemplo, através da cedência total ou parcial de um museu entre entidades públicas. A noção de contribuição e de apoio à irradiação do museu por parte de Associações dos Amigos dos Museus (artigo 8) implica uma recomposição do vínculo social se os territórios de referência vierem a ser modificados: por exemplo, da cidade para uma aglomeração.

A atribuição em grande amplitude da marca "Musée de France" (em 2007, 1.207 estabelecimentos, para um número de visitantes estimado em 48 milhões) não permitiu reestruturar a paisagem dos museus para além das três condições básicas, a saber: estatutos do museu, existência de um inventário da coleção e definição de um "projeto científico e cultural". A ferramenta de intervenção da Direction des Musées de France (DMF / Direção dos Museus da França) permanece a validação, ou não, dessa proposição que permite a liberação de créditos. Mas o principal desafio para as próximas décadas é o do lugar e do papel dos museus como "atores e alavancas de desenvolvimento na recomposição das diferentes regiões", de acordo com a conclusão de uma jornada de estudos da DMF em novembro de 2004. Nessa perspectiva, a emergência das intermunicipalidades entre os atores legítimos para agir no campo das políticas culturais constitui um fenômeno importante suscetível de identificar "um espaço de renovação, de inovação e de invenção" (*Culture études*, nº 5, 2008).

Capítulo V

A paisagem contemporânea dos museus

∽

Um "desejo de museu" multiforme parece animar as sociedades contemporâneas, nas quais cada fenômeno social parece suscetível de colecionismo. A ênfase atribuída à irredutível especificidade do "local" contribui, em particular, para multiplicar os museus que, supostamente, levam a ver o passado, tal como ele ocorreu, precisamente nesse espaço. Semelhantes abordagens das particularidades das sociedades e culturas transformam o sentido museal: a superexposição comunicacional, apoiada nas novas tecnologias, é acompanhada, se necessário, por uma banalização dos desafios e do interesse do projeto. Paralelamente, aparecem grandes estabelecimentos temáticos, incumbidos de expor conhecimentos gerais, mas que ilustram frequentemente outro aspecto do pós-modernismo, a saber, a transformação do discurso erudito e disciplinar no sentido do que Clifford Geertz qualificou como um "gênero impreciso" (GEERTZ, 1986). Aliás, a identidade do próprio museu se torna indefinida quando a museografia das ciências e das artes se serve da instalação ou de outras formas de trabalho plástico, quando a singularidade do olhar ou o paradoxo da atitude se converte no critério de escolha do "conservador convidado" responsável pelo remanejamento do museu e quando o catálogo se transforma, entre tratado de filosofia e livro de artista, em obra original sem nenhum vínculo com a tradição descritiva.

Um crescimento recente e significativo dos estabelecimentos

O número atual de museus é praticamente impossível de determinar – seja por país seja na escala mundial, em que se evoca comumente entre 25.000 e 35.000 estabelecimentos reconhecidos oficialmente. O número de instituições que se enquadram na definição proposta pelo ICOM é, obviamente, muito superior. Na França, o número dos museus geridos pela DMF e pelas coletividades locais eleva-se a cerca de 1.200, enquanto algumas estatísticas referem-se ao número de 2.200 museus, e este ou aquele guia turístico indica entre 5.000 e 6.000, até mesmo, 10.000 estabelecimentos no *Guide Dexia* 2001. No departamento de Isère, por exemplo, estima-se que existem cerca de 90 museus, incluindo 75 "verdadeiros" museus, enquanto os outros têm sobretudo uma vocação comercial. Tudo depende, por conseguinte, da escolha dos critérios; a expansão constante – e, provavelmente, irreversível – das definições alimenta, nesse aspecto, as incertezas das estatísticas.

Um desenvolvimento rápido e diversificado

Semelhante desenvolvimento é recente, inscrito nos últimos vinte ou trinta anos. Assim, nos EUA, 67% dos museus de 1980 datam da década de 1940. O Texas contava com 410 museus em 1978 e mais de 660 em 1995. Essa ordem de grandeza parece válida para um grande número de países desenvolvidos, nos quais os estabelecimentos devem, supostamente, fornecer recursos educativos, contribuir positivamente para o desenvolvimento da sociedade e garantir um lucro econômico. Esse crescimento não é uniforme para todas as categorias de museus: notável para os museus de história, de sociedade, de civilização (em 1989, estimava-se em 9.200 o número dos museus de história e sítios históricos nos EUA em um total de 13.800 museus), para os museus técnicos e especializados; espetacular em relação aos museus estadunidenses para crianças, tal aumento foi menor no setor das Belas-Artes, excetuando o caso dos museus de arte moderna e dos centros de arte contemporânea, como ilustra o exemplo da Alemanha ou o dos EUA. A expansão abrange igualmente uma diversidade considerável de estatutos, alimentada por criações particulares ou independentes, pelo menos fora dos países com tradição museal pública (na

França, em 60% dos casos, a tutela dos museus é pública, seja ela do Estado seja das coletividades locais, e as iniciativas de museus privados revelam-se problemáticas, conforme ficou demonstrado pelo projeto abortado do museu de arte contemporânea para receber as obras do financista/colecionador François Pinault, em Boulogne-Billancourt, nos amplos locais da antiga fábrica Renault; tendo acusado a morosidade administrativa do poder público, ele acabou investindo no Palazzo Grassi, em Veneza).

Enfim, essa última geração de museus manifesta algum desvio em relação às estratégias identitárias que, outrora, acompanhavam as fundações, ou em relação às políticas culturais da França no plano nacional. O clássico museu monográfico de artista em sua cidade natal (Tinguely, em Basileia, e Klee, em Berna, sob as ondas de vidro de Renzo Piano) assume a forma de um museu internacional; o museu dedicado a ilustrar a indústria local se transforma em centro de interpretação, marcado com o selo dos *cultural studies*, tal como o Musée du Sucre [Museu do Açúcar] de Tirlemont, na Bélgica; a sucursalização de grandes estabelecimentos em Bilbao, Lens, Metz e Liverpool em relação ao Guggenheim, Louvre, Pompidou e Tate, respectivamente, acaba amalgamando especulações a um só tempo pecuniárias, políticas, urbanas e globais. Todos esses exemplos dão testemunho, apesar desta ou daquela característica convencional, de uma singularidade estranha aos desígnios e à lógica dos museus "históricos".

Um debate público

Entre as numerosas exegeses que se empenham em analisar a atual paisagem museal, uma delas retoma por sua conta as observações das vanguardas artísticas, políticas e intelectuais do século XX, para quem o museu materializa o fardo do passado (contrariamente à museofobia tradicionalista, contrarrevolucionária, da primeira metade do século XIX, ilustrada pela escola de Quatremère de Quincy, que via nesses espaços o instrumento de uma idolatria do futuro). Nessa perspectiva, o que aparece como a exasperação contemporânea do passado é também o sintoma mais claro de sua insignificância, além de prelúdio à sua previsível liquidação. Versões apocalípticas desse diagnóstico leem a musealização como forma de implosão do mundo na virtualidade, ou como a doença terminal da civilização. O museu, em suas veleidades de coletar, distinguir e enquadrar partes de um mundo que, por si só, deixou de existir, revelaria o fim das ilusões, sejam elas de natureza religiosa, política ou estética. A proliferação de ensaios pseudofilosóficos que, à sua maneira, saudaram a abertura do Centre Pompidou / Beaubourg, em meados da década de 1970, continua sendo o melhor exemplo de tal leitura.

Outra leitura vê na mutação dos museus uma das figuras da cultura de massa na era do capitalismo contemporâneo. Assim, a transformação do conservador em encenador, a partir do modelo da produção cinematográfica, ou o decalque em empresas de diversão e, até mesmo, em parques temáticos, parece ilustrar um alinhamento progressivo da instituição à vulgaridade comercial. Em seu *best-seller* de 2001, *A idade do acesso*, Jeremy Rifkin fornece um modelo para alguns museólogos do outro lado do Atlântico, os quais reconhecem nesse texto o novo semblante dos museus.

Uma análise final evoca naturalmente o que o historiador e ensaísta Daniel Halévy descrevia em 1948 em seu livro *Essai sur l'accélération de l'histoire* [Ensaio sobre a aceleração da história]. A multiplicação dos museus aparece, assim, ao filósofo originário de Zurique Hermann Lübbe como significativa de uma reviravolta de nossa relação com o tempo. Essa musealização responde a um historicismo incessantemente crescente da cultura contemporânea, como reação à ameaça de amnésia ou de obsolescência acelerada: tratar-se-ia de compensar a instabilidade e a ansiedade que alimenta a rapidez das mutações do tempo e do espaço. Assim, a visita de museus deveria ser entendida em termos de uma busca, se não da idade de ouro perdida, pelo menos, de raízes familiares suscetíveis de nos tranquilizar.

Semelhante leitura neoconservadora reforça a definição do museu como refúgio da verdade e da autenticidade do passado, à imagem do que foi esboçado por George Orwell na perspectiva antitotalitária de seu livro *1984*, quando a conservação de um elemento menor da cultura material – um pedaço de vidro – vinha anular os esforços da *novilíngua* para apagar os vestígios da história nas mentes. Aliás, após a queda do Muro de Berlim, uma exposição em Bonn, no Museu de História (Haus der Geschichte) sob o título *TschüSSED* (Adeus à RDA) mostrava uma das bandeirolas das passeatas, em 4 de novembro de 1989, na Alexanderplatz que proclamava: "Não há futuro sem o passado".

Uma instituição instável

Ocorre que esse retorno ao passado, essa obsessão pela memória e pelo patrimônio de que os museus são simultaneamente o instrumento e a vitrine, não tem de modo algum a evidência de um consolo. A propósito do homem que retorna à sua origem, W. Jankélévitch observa que ele volta a um lugar onde nunca tinha ido e revê o que nunca tinha visto: essa fórmula de seu livro *L'Irréversible et la nostalgie* [O irreversível e a nostalgia] é válida para o visitante dos museus pós-modernos, especialmente, aqueles orientados por uma nova museologia assimilável, por seus diferentes dispositivos, a uma "provocação da memória" (RAPHAËL; HERBERICH-MARX, 1987).

O filósofo alemão Peter Sloterdijk reconhece no museu, em vez de uma manifestação de autossegurança, uma experiência da estranheza – em relação aos outros, mas também a si mesmo. Nessa perspectiva, a museologia torna-se uma forma de "xenologia", capaz de suscitar o espanto e, até mesmo, de assumir a estupefação, diante da alteridade, além de alimentar, concomitantemente, uma etnologia do mesmo. Nesse aspecto, reencontramos a análise conduzida por Mary Louise Pratt a propósito dos museus de etnografia que, desde sua origem imperial, têm incorporado "zonas de contato" ao adaptarem-se às condições sucessivas – colonial, comercial, religiosa, pós-colonial e pós-moderna – do encontro e de sua representação, contra à proliferação dos não lugares e contra a difusão universal de um individualismo "insular" (PRATT, 1992).

Um conjunto de mutações

A fisionomia material, assim como a experiência dos museus, tem conhecido um grande número de inflexões significativas no decorrer da última geração. O museu assume como vocação, seja se tornar um espaço de histórias cruzadas, uma exposição de nossas inquietações, seja participar no triunfo de uma retórica do acesso, sob a forma de um fornecimento de informações que servisse de legitimação política e cultural. Semelhantes mutações têm alimentado, de acordo com as circunstâncias, uma museofobia intelectual tradicional ou polêmicas mais recentes em relação à oposição entre preocupação com o desenvolvimento turístico ou comercial e legitimidade acadêmica e cultural.

---

13. O MUSEU DE ARTISTA

Numerosos artistas utilizaram o museu como uma fonte de inspiração vinculada, ou não, a uma perspectiva crítica; diversas exposições fizeram tal demonstração de forma mais ou menos convencional (*Copier-Créer* [Copiar-Criar] no Louvre, em 1993, ou *Museum as Muse* no MoMa, em 1999). No decorrer da década de 1970, os museus pessoais – escrevia o crítico de arte Gilbert Lascault – "valorizam os museus etnológicos, os museus de história natural, os antigos gabinetes de curiosidades". Os álbuns de Annette Messager, as vitrines de Christian Boltanski, as escavações no rio Tâmisa e os gabinetes de história natural de Mark Dion (1999) são outros tantos exemplos bem conhecidos de uma declinação do tema. O artista *pop* britânico Peter Blake mobiliza em suas obras – especialmente, em suas colagens – uma parte do que ele coleciona: nesse sentido, sua coleção participa de uma arqueologia do ateliê. Mas ele imaginou também seu próprio *Museum for Myself* (1977), adotando aqui ou lá em exposições o procedimento do colecionador tradicional, marcado pelo gosto das "curiosidades" e pela busca de objetos singulares (*A Cabinet of*

Curiosities, 1999; *With a Little Help*, 2007). O museu é também um tema específico da arte contemporânea – desde Marcel Duchamp ou Joseph Cornell até o poeta e artista plástico Marcel Broodthaers (*Le Musée des Aigles* [O Museu das Águias]). A crítica das instituições investiu, em particular, no estabelecimento na virada dos anos 1960-1970, como foi demonstrado pelo crítico Benjamin Buchloh. Hans Haacke e, em seguida, Andrea Fraser convertem museus e projetos apresentados nesses espaços em verdadeiros analisadores sociais. O HoMu (Homeless Museum – Museu dos Sem-Teto), fundado em 2003 pelo artista e ativista Filip Noterdaeme, em Nova York, inscreve-se nessa tradição de luta, por um lado, contra a nova tarifa de entrada no MoMa e, por outro, contra as convenções do espetáculo e do comércio que, em sua opinião, estão associadas, com demasiada frequência, aos mais importantes museus de arte.

A transformação das coleções

A redefinição, em todo o mundo, das coleções e dos sítios históricos foi marcada por uma ampliação irreversível que inclui o comum ao lado do excepcional, as maneiras de fazer ou a oralidade ao lado dos objetos. As coleções começaram por abrir-se à história recente e, em seguida, à história presente: assim, a história industrial, em seus artefatos, mas também em suas consequências de índole social, desde a imigração aos movimentos sindicais, foi integrada em alguns estabelecimentos desde a década de 1970.

O museu apresenta, atualmente, uma tendência a não deixar nada das coisas nem dos usos fora de sua alçada. Com a antropologia e a etnologia, os objetos do cotidiano, objetos de família marcados por destinos individuais, podem integrar uma museografia de histórias de vidas. (Re)encontrar seus bens, os de sua família, no museu já não é, a partir daí, uma experiência reservada aos ricos e às pessoas influentes, alimentando – além das visitas de natureza militante, ou daquelas, enraizadas, dos habitantes do próprio local convocados implicitamente a se tornarem doadores – uma experiência contrastada do valor e do uso. No momento em que a museografia da história social triunfante privilegiava as apresentações didáticas de aventuras coletivas, a da década de 1980 e das subsequentes coloca, no primeiro plano, indivíduos que se tornaram mediadores das coleções.

O que o historiador inglês Lawrence Stone anunciava outrora, sob um modo propositalmente polêmico e que foi profusamente comentado pela comunidade dos historiadores, ou seja, o "retorno à narrativa", materializou-se de forma mais ampla em museografia sob a forma de roteirizações – correndo-se o risco de ameaçar o sentido tradicional da autenticidade do artefato ou do lugar. A vontade de expor um gênero de vida mobiliza objetos adaptados à demonstração que se pretende elaborar: se o verdadeiro nem sempre é verossímil, o museógrafo pode preferir o verossímil. No Museu Memorial do Holocausto, em Washington, a história fictícia de um jovem que cresceu na era nazista, "a história de Daniel", destinada às crianças a partir dos 8 anos de idade, permite conferir uma coerência narrativa ao projeto pedagógico, mas suscita uma questão ética sobre a autenticidade no Museu de História. No Canadá, os centros de interpretação, tais como o Museu de Pointe-à-Callière (Montreal), basearam sua abordagem na encenação de personagens históricos, chegando mesmo, em alguns casos, a utilizar personagens míticos imaginados pela literatura do século XIX. Tais perspectivas não são estranhas aos grandes museus convencionais que, em determinadas exposições, mobilizam personagens históricos – o guarda-roupa de Marlène Dietrich, no Museu Galliera, em Paris – e, até mesmo, heróis de filmes ou de histórias em quadrinhos: por exemplo, os objetos das aventuras de Tintin "emprestados" por Hergé aos museus de Bruxelas resultaram em exposições (*Au Pérou avec Tintin* [No Peru com Tintin], Musée du Cinquantenaire, 2003). Outros dispositivos requerem diversas testemunhas em sua abordagem da história e convocam, eventualmente, porta-vozes de comunidades ou de grupos sociais em seu âmago: eis o que ocorreu no Musée Dauphinois por ocasião de exposições sobre as diversas imigrações.

Uma museografia da estranheza [estrangement]

Os estudos sobre o museu entraram, atualmente, na era da suspeita. Sua descrição ou análise podem, daqui em diante, tornar-se objeto de um retorno sobre o próprio ser do museu. Tal é o caso – limite – das exposições de Jacques Hainard, tal como *Le Musée cannibale* [O Museu Canibal], emblemático de um olhar metamuseológico e revelador, para além de um estabelecimento fora das normas, de uma evolução geral (GONSETH, 2002).

A trilogia dedicada à "La différence: trois musées, trois regards" [A diferença: três museus, três olhares], montada de 1995 a 1997, de forma associada, por um museu do Quebec, um museu francês e um museu suíço, atingiu um público de mais de meio milhão de visitantes e foi reveladora de uma parte da situação museográfica mundial. Baseada em uma cláusula de não comunicação absoluta entre museus a propósito de suas respectivas realizações, a experiência demonstrava como a exposição depende não tanto da competência erudita, em relação à qual se pode esperar que ela seja garantida *a priori*, mas da capacidade intelectual a proferir um discurso original sobre determinado assunto e a representá-lo. Os três museus se revelavam, ao mesmo tempo, como outras tantas empresas de produção, manifestando as competências de equipes e as tradições de estabelecimento. Chegava finalmente a vez do público, convidado a julgar qual era a "melhor" museografia, para não dizer, a melhor interpretação do tema. Nessa mesma perspectiva, outros tipos de museus se empenham em apresentar, com seus próprios meios, trabalhos ou releituras em andamento: por exemplo, a propósito de interpretações arqueológicas ou históricas, de leituras antropológicas ou de abordagens críticas da arte.

14. O *MUSÉE CANNIBALE* NO MUSEU DE ETNOGRAFIA DE NEUCHÂTEL

Com o título *Le Musée cannibale*, o Museu de Etnografia de Neuchâtel encenou, em 2002-2003, o "desejo de se alimentar dos outros que presidiu a criação e o desenvolvimento dos museus de etnografia". Trata-se de mostrar os paradoxos e os impasses do projeto, de incorporar uma alteridade que é tanto mais valorizada quanto mais ela parece ser radical.

A exposição desenvolve a metáfora culinária, ao evocar as diferentes receitas que permitem acomodar as semelhanças ou as diferenças entre o aqui e o alhures. As mesas postas de acordo com códigos diferentes simbolizam as práticas ou as maneiras de ver da teoria etnológica, assim como os procedimentos da museologia em relação a essa teoria. Além disso, o termo "canibal" permite formular a questão identitária, a da violência e do sagrado, igualmente, a da comunhão, à qual é dedicada, em particular, uma mesa. Em seus "princípios de exposição", Jacques Hainard e Marc-Olivier Gonseth escrevem que "expor é construir um discurso específico ao museu, feito de objetos, de textos e de iconografia, [...] colocar os objetos a serviço de um projeto teórico, de um discurso ou de uma história, e não o inverso, [...] sugerir o essencial através da distância crítica, marcada pelo humor, pela ironia e pelo escárnio".

A entrada do museu na era da museologia crítica, chamada também de ideia ou ponto de vista, tornou mais implacável o confronto entre aqueles que, centrados no objeto, fazem profissão de objetividade, ou reivindicam um "positivismo" como se este fosse o único capaz de garantir a neutralidade específica de seus estabelecimentos, e aqueles que insistem sobre o caráter construído – e político – desses mesmos museus, chegando mesmo, às vezes, a abraçar a ideia radical de que os objetos mais "reais" são, por sua vez, representações. Jacques

> Hainard, em sua definição provocadora de um museu – cujos objetos deveriam ser os escravos do conservador, em vez de este ser o escravo de suas coleções –, levou ao extremo a análise desta última afirmação no livro *Objets prétextes, objets manipulés* [Objetos pretextos, objetos manipulados] (HAINARD; KAEHR, 1984).

A orientação para o público: divertir e instruir

A orientação para o público traduziu-se, a partir da década de 1980, por uma contestação da primazia tradicional da contemplação silenciosa e solitária – um mito cultural que é contrário às práticas sociais. Uma pesquisa francesa, em plano nacional, de 1993 revelou que a visita solitária constitui apenas 9% dos casos, enquanto as visitas efetuadas em casal elevam-se a 21% dos casos, aquelas em família a 36%, com amigos a 23% e em grupo organizado a 11%. Paralelamente, a visita de grupos escolares explodiu: em 1997, quase sete jovens franceses em dez tinham visitado um museu. A entrada de mediadores nas galerias, às vezes, sob a forma de atores no seio de uma trupe contratada pelo estabelecimento, tal como no Museu canadense das Civilizações (BARBUY, 1995), em Gatineau, transformou concomitantemente a filosofia da instituição. Desenvolvidas, em particular, nos museus de sociedade, tais disposições mobilizam uma retórica do "vivo" no cerne das coleções; elas adaptam-se ao modelo da "experiência", saudado daí em diante pela nova *expertise* museológica e recompensado regularmente por diferentes prêmios atribuídos a museus. Os museus de arte contemporânea entendem também, às vezes, ilustrar o mito de Rimbaud – a vida se confunde com a arte – ao exporem, sob diferentes formas, uma arte como que "representada" no presente.

Do desenvolvimento cultural à inclusão social

Ao lado das exigências relativamente ao sucesso de suas exposições, avaliado em termos de número de visitantes ou de recursos coletados, outras demandas são formuladas aos museus no que se refere à contribuição para o reordenamento do território, para o rápido crescimento do turismo, para a redução das desigualdades culturais e para a integração social. A fundação de museus começou, no decorrer das décadas de 1970-1980, a se integrar no âmbito de operações de redesenvolvimento que afetavam desde as fachadas portuárias aos centros de cidade em estado de abandono, ou seja, espaços considerados estratégicos na recente renovação urbana. O desígnio de inclusão está presente, daí em diante, na agenda de tais reabilitações de terrenos vagos, assim como de forma mais geral na agenda de numerosos estabelecimentos "históricos", apesar dos protestos daqueles que temem a substituição dos objetivos específicos da instituição por questões políticas e sociais.

A eventual reinvenção do museu como agente de mudança social parece uma tábua de salvação, de tal modo a pressão sobre os estabelecimentos se torna, às vezes, premente em termos de desativação de salas, redução nos horários de funcionamento, demissão de funcionários ou negação do espírito dos fundadores; seja como for, e para citar seu porta-voz Richard Sandell, o desígnio de inclusão museal é uma "expressão fluida e ambígua" (SANDELL, 2002). *Musées et inclusion sociale* [Museus e inclusão social], um relatório de 2000 sobre vinte e dois serviços de museus na Inglaterra e na Escócia, sob a direção de Jocelyn Dodd, do grupo de pesquisas museológicas de Leicester, fornece a esse respeito um balanço sem concessões a respeito das dificuldades do trabalho social no museu que abrange, na ótica reivindicada pelo *New Labour*, um conjunto de atividades que incluem desde a luta contra a criminalidade ou contra a Aids com um coletivo de prostitutas até a promoção da iniciativa empresarial.

15. COLOCAR NO MUSEU A ARTE CONFUNDIDA COM A VIDA?

O Museu Jean Tinguely em Basileia – financiado pela empresa Hoffmann-La Roche – é dedicado ao artista, filho da cidade e representante da vanguarda parisiense dos anos 1950-1960. Ele parece ter a pretensão de reunir a tradição do elogio monográfico da genialidade de um artista e de um lugar com a abordagem mais contemporânea de uma arte internacional de movimentos e de coletivos. O prédio, concebido por Mario Botta, que já tinha sido o arquiteto do Museu de Arte Moderna de San Francisco (1988-1995), está situado na margem do Reno e se inscreve no âmbito de um parque histórico do qual ele ocupa a parte oriental. Pontus Hulten foi chamado para dirigi-lo em 1994.

Em 2001, uma ampla exposição, Daniel Spoerri foi organizada em colaboração estreita com o artista que apresentou sua obra, desde a década de 1960. Encontrava-se aí, em particular, uma reconstrução da *Chambre nº 13* [Quarto nº 13], Hotel Carcassonne, 24, rue Mouffetard, Paris V, que devia permitir a entrada em um de seus universos. O ateliê dos primeiros anos do artista em Paris foi também instalado nesse espaço, simultaneamente, sob a forma de lugar de trabalho, de local de exposição e de entreposto: de acordo com o museu, tratava-se de "um 'lugar de ação' que, praticamente, não pode ser revivido de maneira mais autêntica. A supressão das fronteiras entre a arte e o cotidiano não ocorre aqui na rua, mas em um quarto de artista". A atividade de Spoerri, membro fundador dos *Nouveaux Réalistes* [Novos Realistas] e "encenador de objetos", foi assim transposta para o museu que, por sua vez, pretendia manifestar como "estão confundidas as fronteiras entre a arte e a vida". Outros tantos paradoxos que são alimentados, em diversos graus, pelo ateliê de Brancusi e pela parede de Breton no Centre Pompidou / Beaubourg, ou pela réplica do ateliê de Pollock para a exposição do MoMA, artefatos museográficos que teriam o desejo de representar o *in situ* e a revelação de um encontro com uma vida abolida. A reconstrução do ateliê dá testemunho, sem dúvida, atualmente, de uma lassitude em relação às demonstrações museográficas: como escreve o artista e crítico de arte Brian O'Doherty, as obras no ateliê são ainda "indeterminadas" (O'Doherty, 1986; Rupp, 2011; Valle, 2011).

Na América do Norte, na Austrália e na Nova Zelândia – em certa medida, no Reino Unido –, a perspectiva multicultural associou as comunidades à produção das exposições, ao seu controle e, até mesmo, à sua censura. O *Nagpra Act*, votado nos EUA a fim de restituir aos descendentes os restos de seus antepassados, conduziu na prática a uma forma de cogestão das coleções não só de antropologia física, mas também de artefatos sagrados. Na Columbia Britânica (Canadá), alguns grandes museus fomentam tradicionalmente suas atividades em relação, mais ou menos estreita, com os representantes das "Primeiras Nações" (sob o impulso, em particular, de Michael Ames).

Amar Galla, professor australiano, relatou a seu colega museólogo Duncan Cameron a história de aborígenes que, tendo obtido os fundos necessários para construir um museu destinado a receber seus objetos sagrados, edificaram um depósito hermeticamente fechado, para grande surpresa dos conservadores brancos. Verídica ou não, essa anedota de congresso é reveladora dos receios diante da reivindicação de usos tradicionais – ou melhor, tradicionalistas – de artefatos conservados e expostos, outrora, segundo a lógica museal clássica. Diversos episódios semelhantes, segundo parece, remetem a uma situação pré-museal em que os objetos confiados "de novo" a suas comunidades "de origem" acabam por desaparecer para os "estrangeiros". No entanto, vários ensaios norte-americanos tendem a mostrar que as exigências de repatriamento têm multiplicado, preferencialmente, os estudos do material arqueológico e antropológico.

Os ofícios dos museus

A denominação de conservador ainda não está, segundo parece, completamente desconectada, durante o século XIX, da tradição do guardião, ou do custódio, tal como ela havia marcado a época moderna; seu *status* oscila entre o de um funcionário incumbido da vigilância de um edifício público e o de um professor de desenho ou, ainda, de um amador filantropo, dedicando seu tempo e, até mesmo, sua fortuna a uma tarefa de interesse geral. O período entre as duas guerras assiste a um primeiro esboço de profissionalização com o eventual envio de ex-alunos da École du Louvre para grandes museus da província (Pierre Quarré para Dijon) a fim de gerenciar os estabelecimentos. De 1945 a 1969, o modelo tradicional do conservador ainda prevalece amplamente: sua formação é garantida exclusivamente pela École du Louvre, seu recrutamento ocorre a partir de um concurso para a função pública e, para as outras tarefas, mediante a inscrição na lista de aptidão, de acordo com critérios de história da arte; além disso, sua instalação em um cargo é, em geral, bastante prolongada e, até mesmo, definitiva. O período posterior a 1968 conduz à redação de um livro branco (de fato, azul) intitulado *Patrimoine et collections publiques* [Patrimônio e coleções públicas], primeira reflexão coletiva sobre o devir da profissão que dá testemunho de novas reivindicações por parte dos conservadores mais empenhados na redefinição de suas missões. O surgimento de novos tipos de estabelecimentos (ecomuseus, museus de sociedade; cf. 2. – Georges-Henri Rivière, p. 20), no início da década de 1970, exige novos recrutamentos, a partir de bases inéditas. De acordo com Sylvie Octobre, uma terceira fase decisiva, de 1976 a 1985, traduz-se por um recrutamento maciço que, comparado com o malthusianismo precedente, é, na sua maioria, feminino e se destina sobretudo aos museus dos diferentes "territórios"; o nível de instrução se eleva e se especializa simultaneamente, seguindo o curso dos estudos universitários (OCTOBRE, 2002). A formação para o ofício passa, desde 1987, pelo concurso da École du Patrimoine (que se tornou o Institut National du patrimoine [Instituto Nacional do Patrimônio]) para uma elite de conservadores e de futuros diretores de estabelecimentos. Se o recrutamento continua respondendo amplamente ao modelo da história da arte, os diversos *status* foram reunidos, a partir de 1990, sob o termo de conservador (isolando diferentes disciplinas: arquivos, inventário, monumentos históricos, arqueologia, patrimônio científico e técnico).

A definição do conservador, em 1990, por uma École du Patrimoine que se tornou independente da École du Louvre é a seguinte: "O conservador do patrimônio é, antes de mais nada, um cientista de alto nível com as missões essenciais de conservação, de difusão (valorização de um monumento, comunicação de documentos, publicação de pesquisas, exposição...), além da prossecução de um trabalho de pesquisa significativo. Ele deve ser também um homem ou uma mulher de comunicação e de gestão administrativa e financeira, capaz de dirigir uma equipe". O reflexo sociográfico de tais dispositivos é eloquente: em 1995, dos 1.022 conservadores franceses devidamente identificados, o retrato-robô é o de uma mulher (56%) de idade madura, exercendo sua função em uma instituição predominantemente de "território" (65% em comunidades locais, 24% em ministérios e 5% em associações) e situada em província (em 71% dos casos) (OCTOBRE, 2002).

Mas o conservador é cada vez menos o único representante da profissão museal. Atualmente, o aumento espetacular dos assessores de conservação, segundo um estatuto de 1991 – formados pelas quatro Enact (Écoles Nationales d'Application des Cadres Territoriaux [Escolas Nacionais de Aplicação dos Quadros nos "Territórios") e, frequentemente, daí em diante, diretores de museus de porte médio, além de envolvidos plenamente na Association des Conservateurs [Associação dos Conservadores] –, manifesta uma recomposição da esfera profissional. Os assistentes qualificados e os assistentes de conservação são os outros dois novos *status* do setor cultural nos diferentes "territórios". Esse conjunto de reformas permitiu uma maior mobilidade profissional em toda a França e a criação de postos a um custo menor, apesar da persistência de pontos fracos em certos domínios (arqueologia, etnografia, técnicas e indústria).

Novos ofícios têm surgido nos últimos anos. O cargo de administrador [*régisseur*] surgiu da multiplicação das tarefas relacionadas com as exposições temporárias com as novas modalidades de apresentar as obras, a começar pelo Centre Pompidou / Beaubourg e, de maneira mais ampla, a partir de um modelo anglo-saxão peculiar aos mais importantes museus. O surgimento da nova gestão [*régie*] das obras, em meados da década de 1980, acompanha uma série de remanejamentos profissionais em matéria de restauração ou de conservação preventiva. Por outro lado, uma evolução não menos significativa em matéria de profissionalização afeta o guardião, que se tornou um agente de acolhimento e de vigilância, a quem são atribuídas as mais diversas tarefas – quando a função, no entanto, não é terceirizada a uma empresa de vigilância. Os ofícios da mediação cultural incluem simultaneamente a concepção e a realização de projetos ou de produtos culturais, assim como as funções de animação do público. A heterogeneidade desses perfis, que estão substituindo a antiga denominação de animadores, é muito grande, reflexo do caráter difuso e, ao mesmo tempo, inovador de sua situação.

A nova mitologia dos museus

O último grande mito contemporâneo relativamente à instituição é o *musée imaginaire* [museu imaginário]: ele foi forjado, em 1947, com o sucesso sobejamente conhecido, por André Malraux no volume com o mesmo nome, publicado em Genebra pela editora Skira, o primeiro ensaio da trilogia *Psychologie de l'art* [Psicologia da arte], que, em seguida, passou a intitular-se *Les voix du silence* [As vozes do silêncio].[20] *Le musée imaginaire* é revisitado, posteriormente, por ocasião de artigos, intervenções, exposições e conferências – das quais a mais famosa é a do Metropolitan Museum, em Nova York, em 1954. Ao misturar as obras-primas reconhecidas por todas as civilizações com os desenhos de crianças e as produções da Arte Bruta, com os amuletos e as máscaras ou, ainda, com imagens aleatórias (por exemplo, pedaços de madeira encontrados nas praias ou nas margens de rios), tal "museu" tem como justificativa a reunião do conjunto das obras que se impõem à sensibilidade de nossa época – atingindo, de acordo com seu autor, a própria consciência da arte, a verdade da criação, que convoca e transforma todas as obras em seu bojo (MALRAUX, 1967).

---

[20] A trilogia é composta de *Le musée imaginaire* [1947], *La création artistique* [1948, A criação artística] e *La monnaie de l'Absolu* [1950, O troco do absoluto]; ela foi reeditada, em 1951, pela editora Gallimard sob o título *Les voix du silence*. Cf. SILVA, 2002. (N.T.)

O museu imaginário

Seu primeiro efeito consistiu em abrir as sensibilidades contemporâneas para a arte do mundo, concebida como símbolo da condição humana. Quando Malraux escreve que "um crucifixo românico não era inicialmente uma escultura, que a Madonna de Cimabue não era inicialmente um quadro", ele pretende lembrar que "uma parte considerável de nossa herança artística nos é legada seja por homens cuja ideia de arte não era a nossa, seja por homens para quem não existia a própria ideia de arte". Se o Louvre do tempo de Malraux é mais rico do que o de Baudelaire, é porque deixamos de qualificar "como 'arte' a forma particular que esta havia assumido em determinado tempo ou lugar" (*Les voix du silence*). Ocorre que essa "metamorfose decisiva de nossa época" é, por sua vez, transitória: "Tendo nascido juntos, o museu imaginário, o valor enigmático da arte, o intemporal, hão de morrer sem dúvida juntos", afirma seu ensaio *L'Intemporel*,[21] que põe termo, de alguma forma, ao empreendimento de *Le Musée imaginaire*.

Esse texto corresponde ao mais belo elogio que já tenha sido elaborado a respeito do museu, mas um elogio paradoxal, dirigido contra os conservadores e a história da arte. "O papel dos museus na nossa relação com as obras de arte é tão grande", escreve Malraux em 1951, no início de *Les voix du silence*, "que temos dificuldade em pensar que ele não existe, que nunca tenha existido, nos lugares em que a civilização da Europa Moderna é ou foi desconhecida; e que ele exista, entre nós, há menos de dois séculos". No entanto, o museu imaginário é *cosa mentale*, e a exposição montada na Fundação Maeght, em Saint-Paul de Vence (França) – em torno do tema "André Malraux et le Musée imaginaire" – em 1973, está fadada ao fracasso, de tal modo os museus "reais" são desvalorizados pela abordagem íntima e nova que é per-

---

[21] Esse ensaio [1976, O intemporal] faz parte da trilogia *La métamorphose des Dieux* [A metamorfose dos deuses], também publicada pela editora Gallimard, que compreende ainda *Le Surnaturel* [1957/77, O sobrenatural] e *L'Irréel* [1974, O irreal]. Cf. SILVA, 2002. (N.T.)

mitida pelas reproduções. Semelhante desmaterialização é, aliás, remanejada conscientemente por Malraux, para quem ela encarna uma espécie de poder intelectual e sensível: "O museu era uma afirmação, o Museu Imaginário é um ponto de interrogação".

Desse modo, a galeria universal permitida pela fotografia não fornece – ou não apenas – um ganho de acessibilidade, mas executa o encadeamento das formas e dos estilos, desafio de uma metamorfose entendida como "enigmática liberação do tempo". Malraux é eminentemente sensível às consequências da reprodução: "As esculturas fotografadas tiram de sua iluminação, de seu enquadramento, do isolamento de seus detalhes, um modernismo usurpado, diferente do verdadeiro e singularmente virulento". Em suma, "a reprodução criou artes fictícias", afirmação que ele se empenha em demonstrar com a publicação de suas coletâneas. Nesse aspecto é que provavelmente o que permanece uma representação literária se distingue do verdadeiro museu, do museu físico, a respeito do qual M. Blanchot afirma que, *a contrario*, ele "não é um mito, mas esta necessidade: é que a condição de estar fora do mundo que procura servir de suporte à obra de arte vai colocá-la, no entanto, em relação com um conjunto, acaba por constituir um todo e dá origem a uma história" (BLANCHOT, 1971).

A exultação arquitetônica

Ao lado desse mito insistente do museu virtual, alimentado por novas tecnologias de reprodução e de comunicação, a representação contemporânea do museu retira sua força da multiplicação de suas materializações arquitetônicas. A listagem dos novos edifícios de museus tornou-se, em poucos anos, um gênero especializado, tratando-se seja de criações, reformas e extensões, seja, ainda, de reconversões e reutilizações. No entanto, nenhuma doutrina particular parece emergir da paisagem atual, muito longe nesse aspecto dos manifestos modernistas que inspiravam os museus funcionalistas da primeira metade do século XX, desde o museu moderno de Perret (1929), o museu do crescimento ilimitado de Le Corbusier (1930-1939), verdadeira máquina de expor, o Kimbell

Art Museum de Kahn, marcado por Perret, até o museu de Mies van der Rohe no *Kulturforum* de Berlim Ocidental, átrio transparente e aberto, concluído em 1968. Todas essas construções haviam tomado como referência os princípios definidos por Henry-Russell Hitchcock e Philip Johnson no catálogo do MoMA de 1932, a saber: a ênfase focalizada nos volumes e espaços em vez da massa e da solidez; a insistência na regularidade e no ritmo em vez das simetrias axiais; e a fé em uma beleza relacionada com as proporções e com os materiais, em vez do ornamento.

A multiplicação de espaços abertos ou versáteis nesses museus do tipo caixa ou contêiner deixa uma grande margem de manobra ao conservador, que pode executar aí obras-primas ou, pelo contrário, se revelar pífio "tapeceiro". Mas, nas últimas duas décadas, assistiu-se ao fim do ideal de "flexibilidade" dos anos de 1960-1970 em benefício de um retorno à antiga disposição em salas, assim como de um elogio da luz natural. O passado – que o movimento moderno havia pretendido exorcizar – retorna aos museus, que voltam a conectar-se ao sentido do lugar ou da *aura* a preservar e manter. Paralelamente, a utilização de lugares *a priori* inadequados para a função, como os hospitais ou as prisões, não parece ser um obstáculo incontornável – deixando de lado o caso das estações ferroviárias, a de Orsay, em Paris, ou da Hamburger Bahnhof de Berlim, que dispõem de imensas galerias nas quais as obras flutuam. O efeito global do Museu Reina Sofia, em Madri, que leva o visitante a percorrer intermináveis corredores, salas desconfortáveis, idas e voltas, além de recantos imprevisíveis, não deixa de ser satisfatório; como ocorreu na apresentação de *Guernica*, obra isolada e, ao mesmo tempo, contextualizada no interior de uma disposição quase neoclássica.

16. O MUSEU DE BILBAO (1993-1997) E OS PROJETOS FRANCESES

O projeto de Bilbao surgiu da vontade da Comunidade Autônoma Basca e da Província de Biscaia; ele satisfez oportunamente as exigências pecuniárias da Fundação Guggenheim, que pretendia expandir sua rede de estabelecimentos e foi obrigada a desistir de outros empreendimentos. Apesar das condições bastante desfavoráveis, que iam da marginalidade da cidade até sua carência relativamente a uma tradição artística e cultural, além de um contexto marcado pelo terrorismo, o acordo foi celebrado com um financiamento inteiramente basco (US$ 320 milhões) e com cláusulas de exposição consideradas por muitas pessoas abusivas e inadequadas para o local. Desde o início, retomando a lógica do edifício de Nova York, a arquitetura de Frank O. Gehry monopolizou a atenção. O museu, em seu primeiro ano de funcionamento, ocupa o segundo lugar dos museus espanhóis, após o Prado (1,36 milhões de visitantes). O fenômeno não é, na realidade, uma surpresa: a extensão realizada por James Stirling e Michael Wilford fez progredir, no que se refere ao número de visitantes, a Neue Staatsgalerie de Stuttgart (1977-1983) do 52º para o segundo lugar dos museus alemães. A amplitude da transformação de Bilbao em termos de imagem transforma, no entanto, o museu em um ícone de sucesso urbano e midiático que, desde então, muitos programas de sucursalização têm procurado copiar.

Os anos de 2010-2012 serão marcados pela realização e pela provável abertura de vários grandes projetos de museus na França: duas sucursais de estabelecimentos nacionais (o Centre Pompidou-Metz e o Louvre-Lens) e dois museus muito diferentes, um dos quais se baseia no legado do artista plástico Pierre Soulages, em sua cidade natal de Rodez, enquanto o outro corresponde à vontade do Conselho Geral do Ródano no sentido de refundar o Museu de Lyon, sob a forma de um Musée des Confluences [Museu das Confluências], confiado a Michel Côté, ilustre conservador e museógrafo do Quebec (Canadá). A esses lançamentos em curso ou prestes a serem concluídos, convém acrescentar o MuCEM de Marselha – cf. 8. Vida e morte do Musée National des Arts et Traditions Populaires, p. 48 –, menos avançado, cuja configuração permanece incerta em relação a seu projeto museográfico, se excetuarmos o edifício que lhe serviria de preciosa moldura (Rudy Ricciotti).

Esses programas compartilham o mesmo desígnio de reordenamento do território: "fundar" uma centralidade urbana no caso de Lens, organizar uma feira-jardim público para Rodez, conquistar espaços marginais ao transformar o museu no pioneiro de remanejamentos mais complexos e mais amplos para Lyon e para a ZAC[22] de Metz, enfim, trabalhar para a reconquista da zona portuária de Marselha, cujo futuro será baseado na recepção de cruzeiros no Mediterrâneo. Os projetos referem-se, no entanto, a tradições muito diferentes: do museu monográfico de artista ao museu universal em miniatura, do museu de civilização, científica e cidadã a uma forma de *Kunsthalle*, instituição artística sem coleção permanente e dedicada a receber uma parte da coleção do Centre Pompidou / Beaubourg. Eles manifestam também ambições muito diferentes, traduzidas em custos bastante variáveis: de 22 milhões de euros para Rodez a mais de 60 milhões para Metz, 130 milhões para Marselha, mais de 150 milhões para Lens, talvez 175 milhões para Lyon com a expectativa de 500.000 visitantes; esses números, em relação a alguns ainda meramente previsíveis, têm apenas um valor indicativo.

De fato, todos esses grandes projetos locais (ou nacionais e locais) têm em comum a aposta em arquiteturas inéditas, complexas, difíceis de construir e, por conseguinte, exigem enormes somas para sua manutenção e sua apólice de seguro. Ora, se o programa das Confluências parece estar em conformidade com as expectativas da museologia internacional, com base na competência experiente de seu responsável, dando testemunho de uma direção e de uma governança refletidas – ele pode mostrar, desde já, uma importante produção erudita, em relação tanto ao trabalho sobre as coleções quanto

---

[22] Sigla de Zone d'Aménagement Concerté [Zona de Urbanização Negociada]. (N.T.)

> à elaboração da museografia no interior dos espaços a construir –, os outros projetos impressionam, sobretudo, pela autonomia do arquiteto relativamente aos museógrafos e aos conservadores. Pelo menos em Rodez, o gabinete de arquitetos catalães RCRH pretende estar a serviço de uma obra que ele admira e conseguiu desenhar um parque belvedere, do vale até o planalto em que se realiza a feira, reinterpretando as famosas *fenestras* da cidade. Mas pode-se recear que, alhures, a declinação de uma maneira, para não falar de uma arbitrariedade, venha a impor-se em um lugar e em uma coleção sem qualquer tentativa de diálogo com esse espaço e com essas obras. Apesar das denegações dos responsáveis políticos, cientes certamente da impossibilidade de repeti-lo, Bilbao parece assim configurar, de forma duradoura, o imaginário da maneira de fabricar um museu.

Um caso particular é o da museografia italiana posterior à guerra, que, diante da necessidade de restaurar monumentos históricos – implantando nesses sítios, ao mesmo tempo, espaços museais –, forneceu um conjunto notável de museus inspirados no vocabulário moderno, mas em diálogo com a herança do passado: tais são, em particular, as obras de Franco Albini, Carlo Scarpa, Ignazio Gardella e do *studio* BBPR, que são atualmente objeto de um debate visando a uma eventual patrimonialização – pelo menos, na região do Vêneto. A propósito do trabalho de Albini no Museu do Tesouro de San Lorenzo, em Gênova, evocou-se uma "abstração mágica" para designar o caráter, simultaneamente, neutro e sugestivo dessa museografia, capaz de esboçar, como foi caracterizado por Eugenio Battisti, uma versão contemporânea do elitista gabinete de maravilhas.

Mas é a criação de museus de arte moderna na Alemanha, assim como a extensão dos principais museus em Paris, Londres ou nos EUA, que continuará sendo emblemática da segunda metade do século XX, seja em relação às iniciativas mais bem-sucedidas, seja, então, às intervenções mais deploráveis: esses são os casos de James Stirling na Tate Gallery ou na Staatsgalerie de Stuttgart; de Robert Venturi e Scott Brown na Sainsbury Wing da National Gallery de Londres (1986-1991); de I. M. Pei em uma série de prestigiosos canteiros de obras, entre os quais o Louvre; de Richard Meier no Museu de Arte Contemporânea de Barcelona, no Museu das Artes Decorativas de Frankfurt e no Getty Center; de Rafael Moneo no Museu de Arte Moderna de Estocolmo; de Tadao Ando no Japão e no Modern Art Museum of Fort Worth (EUA); de Arata Isozaki no Museu de Arte Contemporânea de Los Angeles; de Yoshio Taniguchi no MoMA; de Zaha Hadid em Roma e em Cincinnati...

Esses programas comportam espaços para exposições, locais técnicos e profissionais, mas sobretudo novos serviços destinados ao público – lanchonete, livrarias, lojas e parques de estacionamento – que implicam uma competência inédita que já não esteja submetida unicamente ao conceito de exposição. O desenvolvimento de equipamentos especializados, desde as vitrines à iluminação, desde a sinalização à segurança, desde a bilheteria até a gestão informatizada das coleções, assinala, enfim, a entrada dos museus na era das grandes organizações que exigem espaços sofisticados e dispendiosos.

Capítulo VI

A museologia

∽

Uma tradição pragmática e intelectual

O legado dos gabinetes

Se a museologia é, com toda a evidência, uma construção recente, a própria palavra tem a ver com uma antiga tradição. A *Museographia* do *marchand* Caspar Friedrich Neickel, publicada em Hamburgo, em 1727, reflete sobre a escolha dos lugares mais adequados para receber a coleção, sobre a melhor maneira de conservar tanto os produtos da natureza quanto os *artificialia* e, finalmente, sobre sua classificação. Esse primeiro tratado enumera igualmente os diferentes tipos de gabinetes alemães, entre as bibliotecas, os gabinetes de medalhas, as galerias de pintura, os museus de antiguidades, os museus de história natural e as "curiosidades".

Na *Encyclopédie*,[23] a ideia de museu serve de pretexto para desenvolvimentos tanto históricos, arquitetônicos e relativos à Antiguidade, quanto propriamente artísticos. Em sua segunda versão, *L'Encyclopédie méthodique*, o amador Watelet (1718-1786) faz o elogio dos gabinetes de quadros, acessíveis ao público, que "se transformam para as Artes e para a nação em escolas, nas quais os amadores podem aprender noções, os Artistas fazer observações úteis e o Público receber as primeiras ideias justas". Eis uma forma de evocar a integralidade

---

[23] Ou *Dictionnaire raisonné des sciences, des arts et des métiers* [Dicionário Sistemático de Ciências, Artes e Ofícios], o mais prestigioso monumento intelectual que o movimento iluminista legou aos tempos modernos, concentrando em 28 volumes (17 de textos e 11 de ilustrações com legendas) a síntese de toda a sabedoria alcançada pelo homem até então; sua edição, sob a direção de Denis Diderot e Jean le Rond d'Alembert, estendeu-se de 1751 a 1772. (N.T.)

da museografia ulterior, orientada pelo duplo ideal da fruição e da utilidade.

Para além das preocupações do amador confrontado com a organização de gabinetes, ou do naturalista focalizado na conservação e na taxonomia, o século XIX assiste à publicação de diversos catálogos de museus, desde Louis Viardot (1860) a David Murray (1904). Paralelamente, as disciplinas de arqueologia e, em seguida, de história da arte implementam classificações inéditas e decisivas – e, em primeiro lugar, a de Thomsen, em 1836, a propósito da sucessão das idades da pedra, do bronze e do ferro; mais tarde, a de J. Lubbock, em 1865, em relação à sucessão das idades da pedra talhada e polida. Enfim, a emergência de uma consciência profissional passa pela formação de associações de conservadores: a Museum's Association aparece em York, em 1889. Cada país dispõe, posteriormente, de sua própria associação que serve de suporte à circulação de ideias e de modelos em uma escala, ainda em grande parte, individual dos especialistas e dos diretores de estabelecimentos.

Primeiro esboço de profissionalização

No final da Primeira Guerra Mundial, um Office International des Musées [Agência Internacional dos Museus] fornece uma estrutura nova e decisiva às primeiras iniciativas de cooperação internacional. O estudo e a comparação das experiências de cada nação, promovidos pela revista *Mouseion* de 1926 a 1940, culminam em 1934 na Conferência de Madri, intitulada *Museografia – Arquitetura e organização dos museus de arte*. Nesse evento, o historiador de arte e conservador Louis Hautecœur dedica um importante relatório ao programa arquitetônico do museu em forma de mecânica ideal para a exposição dos objetos: era, então, a última palavra da reflexão museográfica (HAUTECŒUR, 1993). O período posterior à guerra esboça a síntese das concepções assim elaboradas, mas à luz da experiência dos regimes totalitários e do conflito bélico: esse é o intuito de Alma S. Wittlin, formada em Viena e Berlim, na década de 1930, antes de emigrar para Inglaterra e, em seguida, para os EUA, que proclama em 1949 uma verdadeira profissão de fé em favor da educação, dirigida contra as inércias dos museus europeus (WITTLIN, 1970).

Os desafios contemporâneos

O sucesso dos museus e das exposições – o qual constitui, daqui em diante, a atualidade de uns e de outras – alimenta numerosos relatórios de projetos e de aberturas de estabelecimentos e, eventualmente, suscita polêmicas. Uma crítica que visa os "museus" – à imagem daquela que é elaborada a propósito de espetáculos ou de acontecimentos culturais – se desenvolve de maneira bastante significativa. Mas o rápido crescimento de uma literatura especializada é o fato mais notório, marcado por numerosas publicações que, às vezes, vão além das fronteiras corporativistas. Ela corresponde ao aumento das formações acadêmicas, daí em diante em número superior a quinhentas em cerca de quarenta países, algumas das quais já antigas (École du Louvre, Smithsonian Institution de Washington, Leicester University).

Assiste-se, assim, a uma elaboração internacional. A construção disciplinar da museologia tem a ver, no entanto, com a tarefa de Sísifo, uma vez ultrapassada uma fase empírica e descritiva, entre 1934 e 1976 (MAROEVIĆ, 1998). De fato, a partir da virada da "nova museologia", no decorrer da década de 1970, a disciplina se interessa essencialmente pelas dimensões sociais, filosóficas e políticas, até então negligenciadas – contrariamente à museografia, cujo campo continua sendo o das técnicas do museu. O objetivo consiste claramente em fundar a museologia como disciplina científica e em definir, simultaneamente, as profissões do museu e o quadro da pesquisa em seu âmbito.

O Comitê Internacional de Museologia (ICOFOM – International Committee for Museology), fundado em 1976, assume imediatamente um lugar importante a esse respeito, ao ponto de se tornar o principal fórum de discussão sobre a museologia. A iniciativa de sua criação deve-se a Jan Jelinek, presidente do ICOM de 1971 a 1977, fundador também de um Departamento de Museologia na Universidade de Brno (República Tcheca); seu sucessor até 1989, Vinoš Sofka, foi ele próprio formado em Brno. Se, no final da década de 1980, a museologia conhece um *boom* (SOFKA, 1980), ela entra em crise no decorrer da década subsequente: por um lado, a enumeração dos objetivos dos museus assume a forma de catálogos de bons sentimentos e de pias resoluções, além de mobilizar uma fraseologia estereotipada; por outro, a museologia teórica europeia, empenhada em definir tipologias e modelos, torna-se cada vez mais estranha a uma realidade museal em plena expansão, mas dominada por preocupações de organização dos estabelecimentos. As presidências de Peter Van Mensch (1989-1993) e Martin Schärer (1993-1998) são, então, a oportunidade para aproximar o empreendimento das atividades de outros comitês com preocupações semelhantes, mas envolvidos sobretudo com uma ação concreta: o Movimento Internacional para uma Nova Museologia (MINOM), o Comitê Internacional para a Formação do Pessoal (ICTOP – International Committee for the Training of Personnel) ou o Comitê Internacional dos Museus de Etnografia (ICME – International Committee for Museums of Ethnography).

Martin Schärer, professor de museologia em Basileia e fundador do Alimentarium, em Vevey (Suíça), define atualmente a museologia como a busca de tudo o que "engloba uma atitude específica do homem diante dos objetos (ou de seus valores conceituais). Essa atitude inclui os procedimentos de conservação ('musealização'), de pesquisa e de comunicação ('visualização'). Esse tipo de atitude encontra-se sempre e em toda parte. Por ter sido institucionalizado e analisado no museu, esse fenômeno tirou seu nome daí" (SCHÄRER, 1999). Esse campo de estudo pode ainda ser entendido como o da "musealidade" (para retomar a definição de Zbynek Strănský), ou seja, como a análise da "característica dos objetos de museu", "essa parte da realidade que só podemos conhecer através de uma representação da relação entre o homem e a realidade" (STRĂNSKÝ, 1995).

Uma ciência social em construção

Essa temática implica três desafios: o da construção do "museal" no seio da vida social dos objetos, ou seja, de uma história da cultura material e de seus valores; em seguida, o da política da instituição na esfera pública enquanto lugar específico de representação de um patrimônio ou de disciplinas; enfim, o da utilização do estabelecimento enquanto ele materializa, tradicionalmente, um espaço de práticas, para não dizer, de rituais.

A vida social dos musealia

Capturado em sua história, o museu materializa o espaço de espoliação, intercâmbio, citação e reescrita em que os objetos se inscrevem de um contexto para outro e trocam, se necessário, de denominação, dependendo de quem os possui, expõe ou empresta. Na generalidade dos casos, o estatuto de peça de museu é uma fase terminal da biografia das coisas, a alternativa à eliminação sob a forma de fragmentos e outros detritos. Um desvio dos caminhos da mercadoria ou do destino funcional redunda, em termos antropológicos, em uma "singularização" (APPADURAI, 1986) e torna legítima a escolha do objeto em relação à massa daqueles que estão desgastados, foram negligenciados ou destruídos; nesse aspecto, o museu dá testemunho dos vestígios deixados por outras coleções – precedentes ou concorrentes –, por outras encenações ou por outras apropriações, privadas ou públicas, nas quais os objetos ressoavam de uma forma diferente: é a partir dessa distância que ele constrói ideologias do objeto.

Estas têm a ver com uma longa história da constituição das sensibilidades modernas relativamente à memória, desde o culto da posteridade, o do herói ou do homem ilustre, até a comemoração das vítimas de genocídios. Uma transferência de significação afeta atualmente os *memorabilia* e *personalia* relacionados a uma pessoa ou a um grupo, "objetos de família" suscetíveis de se tornar, no âmbito de um acervo etnográfico ou em um centro de interpretação *ad hoc*, outros tantos desafios da memória coletiva e contribuir para a dialética da emoção e da distância no âmago do espaço público. A ideologia do objeto se manifesta, em seguida, através de determinadas disposições, entre as quais a "rapacidade desinteressada" do conservador (BOURDIEU; DARBEL, 1969), que participam de um fetichismo, frequentemente, denunciado. Esse fetichismo, na tradição ocidental moderna, é sobretudo o da "arte do passado", seja ele concebido, ou não, em termos propriamente hegelianos de "revezamento" (*Aufhebung* = conservar *e* suprimir); ele pode acolher, manter, estimular os imaginários sociais ou, pelo contrário, provocá-los e ofendê-los.

Assim, após a Revolução Francesa e a invenção do museu público moderno, manifesta-se de modo espetacular a ideia de que o depósito em museu de objetos concebidos para outras utilizações e para outros fins modifica de maneira decisiva sua percepção. A década do Louvre Napoleônico (1802-1815) constitui uma espécie de laboratório de representações antagonistas relativamente aos inconvenientes ou aos benefícios da fundação de museus e a suas consequências para a recepção das obras, daí em diante, expostas no seu âmbito. Essa polêmica constitui, há muito tempo, um dos temas favoritos da historiografia artística ou cultural, embora ela tenha tendência, frequentemente, a tomar a "defesa" das obras contra o museu sem perceber as interações e as determinações recíprocas desse novo culto das "relíquias", para citar Quatremère de Quincy.

A configuração da musealidade

A análise dos objetos de museu, dos *musealia*, é também a das condições sob as quais uma cultura material específica é elaborada, formatada, comunicada e interpretada. Com efeito, a materialidade do museu manifesta-se tanto nos objetos que ele possui quanto nos dispositivos de seu tratamento – catálogos, fichários, arquivos, diversas publicações. A esse respeito, o museu, mesmo que tenha a ver com um projeto específico, participa de procedimentos e convenções que não lhe são exclusivos relativamente ao tratamento, à identificação e à exposição dos artefatos: esses dispositivos podem remeter à especulação comercial, ao trabalho acadêmico e ao espetáculo urbano.

A retórica da abundância, da *cornucopia*, acompanhou, outrora, o gabinete das maravilhas inerentes à cultura da curiosidade (IMPEY; MACGREGOR, 1985). Na época clássica, o modo epidíctico, através da galeria pintada e da decoração dos grandes apartamentos, constituiu frequentemente o único regime público dos objetos, exaltando a glória do príncipe, de seu país e de seus povos, enquanto a discrição do gabinete designava uma ética complementar do foro privado. O espaço do museu obedece, por sua vez, a uma disciplina de exposição que serve de prova ou de argumento na escrita da história ou na vulgarização de paradigmas científicos, considerando que a mola propulsora de seu colecionismo se apoia, desta vez, na necessidade da exaustividade ou da exemplaridade, em suma, tem a ver com a demonstração ou a edificação.

Os historiadores da arquitetura têm fornecido, tradicionalmente, uma história seja da autonomização progressiva do museu que corresponde à narrativa de seu progresso, seja de suas tipologias monumentais, seja finalmente desta ou daquela questão museográfica. A história da decoração de museu é, daí em diante, um de seus aspectos importantes que mostra as permanências, as evoluções e as transmissões complexas de uma instituição para outra. Assim, a Villa Borghese, da primeira metade do século XVII ao final do século XVIII, conhece uma exposição semipública da coleção de escultura antiga e moderna da família. A nova decoração do cassino pelo arquiteto Antonio Asprucci, no final do período, corresponde a uma vontade de encenação que se encontra no Louvre e nos museus ulteriores, manifestando a retomada de estratégias de construções dos efeitos e das significações pelo enquadramento e pela iluminação, pela disposição e pelo contexto. Uma história da instalação das obras de arte se interessa, desde há pouco tempo, pelos vínculos entre museografia e ordenamento erudito – a classificação das obras, a genealogia dos artefatos, a distribuição das espécies – ou escolha hermenêutica (NEWHOUSE, 2005). Mas, a emergência atual de uma análise dos poderes museográficos corresponde, além dessa nova consciência crítica – desenvolvida sobretudo pelos arqueólogos e antropólogos –, à patrimonialização de alguns cenários ou determinadas disposições, depois de uma política sistemática de *tabula rasa* em nome de sua modernização.

A elaboração de um espaço público

A interpretação mais marcante dos vínculos entre modelos políticos e modelos semióticos da representação foi fornecida por J. Habermas. Se lhe dermos crédito, a atividade comunicacional leva a uma crítica da dominação e culmina na criação de uma esfera pública em que vêm se inserir, de maneira inédita, as produções culturais; estas deixam de ser, então, ferramentas de representação – ou seja, o meio de manifestar uma autoridade transcendente que serve de fundamento ao poder, tornando-o legítimo – e adquirem o estatuto de "obras" no sentido contemporâneo, pretextos para comentários e discussões por parte dos indivíduos, se necessário, reunidos no seio de clubes, *salons*, bares, e influenciados pela fala de críticos especializados. O espaço público burguês é, nesse sentido, a "esfera das pessoas privadas agrupadas em um público" e para raciocinar em público: o público designa os espectadores "enquanto eles são os destinatários, os consumidores e os críticos da arte e da literatura" (HABERMAS, 1978).

---

17. A DIGRESSÃO POR MARTE

Em 2008, a exposição *Martian Museum of Terrestrial Art* apresentou na Galeria Barbican, em Londres, a arte contemporânea em um museu de extraterrestres. Esse museu imaginário se inspirou, em parte, no primeiro capítulo de um livro do historiador da arte belga Thierry de Duve, no qual um antropólogo oriundo do espaço decidia fazer o inventário de tudo o que é designado como "arte" sobre a Terra (DUVE, 1998). Pelo fato de não terem nenhuma categoria correspondente à arte em sua cultura, os "marcianos" devem considerar esses objetos na ausência de qualquer "conhecimento" estético ou de natureza histórica sobre a arte. O museu marciano dispunha, portanto, as obras de acordo com uma grade antropológica, capaz de realçar a função ou o uso dos diferentes *expôts** (parentesco e herança; magia e crença; rituais; comunicação). No âmbito desses

> grandes temas, as obras são agrupadas em subcategorias, tais como o culto do Antigo, as relíquias e espíritos, os objetos rituais ou as relações culturais. Nesse espaço, a alegoria assumia um caráter farsesco, mas ela se inspirou implicitamente nas reflexões sobre a arte como sistema de ação de Alfred Gell, ou nos marcianos de Nelson Goodman em *L'Art en théorie et en action* [A arte em teoria e em ação] (1984), em que a digressão pela biblioteca marciana permitia, desta vez, defender que o museu deve possibilitar que "as obras executem sua função", ou seja, participem na "organização e reorganização da experiência". Nesse sentido, tal exemplo dava testemunho de uma perspectiva – praticamente hegemônica hoje – a propósito da missão do museu: aquela que o converte em um lugar de experiências – sem que se saiba claramente se esse modelo pode, ou não, passar por uma alternativa à história da arte, cujo vínculo íntimo com a museologia não cessa de ser colocado em evidência (PREZIOSI; FARAGO, 2004).
>
> * Cf. nota 3.

Essa abordagem lê o museu em termos de construção de um espaço público por tornar visíveis, para cada visitante, os princípios que orientaram sua organização Em uma perspectiva semelhante, Tony Bennett converte assim o museu público moderno em um dos elementos de produção da cidadania na ótica kantiana da Filosofia das Luzes, conduzindo o ser humano à maturidade (BENNETT, 1995). Para outros, pelo contrário, o museu é uma tecnologia disciplinar que instrumentaliza a exigência de visibilidade da representação, normaliza um espaço, seleciona e dirige objetos e usos; especificamente, o museu seria um instrumento de celebração, envolvendo comportamentos "rituais" (DUNCAN, 1995).

Se rejeitamos pensar o museu em termos exclusivos de dispositivo disciplinar, convém explicar a aculturação de que ele é objeto, ao questionar as condutas que se elaboram em seu seio, as estratégias que são testadas aí e a cultura pública que se desenvolve nesse espaço (por exemplo, em seu vínculo com as associações eruditas e com os poderes). O museu produz, em determinado âmbito, a relação a objetos específicos, como experiência do mundo e instrumento de conhecimento, mas também como atividade social "de valor"; a legitimação da alta cultura no âmago de museus que desconheciam essa fórmula até o final do século XIX, como nos EUA, ou ainda a criação de uma cultura comum de museus na Europa do século passado, constituem exemplos eloquentes dessa situação. Com efeito, visitar um museu é manifestar o que J.-C. Passeron qualifica como a vontade de usufruir a arte, ao distorcer a *Kunstwollen* de Riegl (PASSERON; PEDLER, 1991).

Uma história das opiniões sobre os museus, considerações sucessivas e contraditórias sobre suas vantagens e seus inconvenientes – mesmo que ela ainda não tenha sido escrita – é, no entanto, insuficiente para apreender a elaboração progressiva de uma "naturalização" da instituição que remete a modelos sociológicos e ideológico-políticos.

A instituição da cultura

O paradigma "liberal" associa o museu moderno à afirmação de sociedades "liberais", "burguesas" ou "democráticas". Essa interpretação participa mais amplamente de uma forma de historicismo que vincula o progresso da instituição à evolução "natural" das sociedades, visando à divulgação em uma amplitude cada vez maior da ciência, da arte e da consciência moral.

Alma S. Wittlin delimitou, assim, três momentos. A era clássica dos museus se apoia na centralização, na especialização e na classificação das coleções, mas assiste também à primeira preocupação com o público. O período entre as duas guerras se satisfaz com uma temática da educação que define a ambição dos novos museus e, ao mesmo tempo, suscita oposições declaradas. Enfim, os anos posteriores à guerra são um momento "de busca e de conflito, de gestação e de realizações, tal como os museus nunca haviam conhecido" (WITTLIN, 1970). Edward P. Alexander, administrador de museus, dedicou vários volumes – clássicos nos EUA por serem utilizados profusamente nos cursos destinados aos conservadores – para esboçar esquemas dos modelos de estabelecimentos, dos diretores exemplares ou dos inventores de novos museus (ALEXANDER, 1983). Kenneth Hudson, na Europa, forjou do mesmo modo uma historiografia da reforma dos museus, desde meados do século XIX, decalcada nos valores que ele entendia promover através de suas atividades de incansável publicista, ou no âmbito do Prêmio Europeu do Museu do Ano. Sua *Social history of museums* opõe, termo a termo, a época em que a visita às coleções era um "privilégio" e o período em que ela se torna um "direito" e declina as constatações relativamente ao número de aberturas e de visitantes (HUDSON, 1975).

Esse primeiro paradigma da história dos museus se opõe a uma visão crítica inaugurada pela Escola de Frankfurt que enfatiza a construção ideológica de seus objetos e de suas exposições, confrontando-a não só com a história das disciplinas, mas também com os valores e tabus sociais. A lucidez reivindicada desse modo é bastante tributária da convicção de que o museu não mostra a arte, a ciência ou a sociedade, mas a construção desses componentes através da "musealidade". Nesse sentido, a elaboração museográfica faz parte do que é representado pelo museu; sua leitura implica, em particular, uma história da história (da arte, da crítica, da ciência, da museologia), assim como um saber das maneiras usuais de agir.

Atualmente, está a desenvolver-se uma ciência social capaz de revelar, nessa perspectiva, as divisões internas do museu, sua instabilidade e, até mesmo, os impasses de sua evolução. Brian Young, no caso do Museu McCord, em Montreal; Sharon McDonald a propósito do Science Museum de Londres; Andrea Witcomb para o caso australiano; James Clifford em vários campos da patrimonialização etnológica, todos esses autores têm elaborado, nos últimos anos, análises pioneiras acerca das negociações no seio das equipes de conservação, acerca dos contatos multiculturais que se estabelecem aí, além das denegações ou ignorâncias inerentes a tais situações. Semelhantes análises internas continuam sendo raras em decorrência das dificuldades de acesso, da proteção da confidencialidade ou da preocupação com a imagem institucional; elas são as únicas a permitir uma alternativa às interpretações em termos de avaliação.

18. A CRISE DA CULTURA E O MUSEU IMPOSSÍVEL

Theodor W. Adorno, em 1953, em um breve ensaio destinado a se tornar a bíblia da museologia crítica – "Valéry, Proust, musée" (ADORNO, 1986) –, fornece um diagnóstico clássico acerca do devir do patrimônio de nosso século: "Os museus são os jazigos de família das obras de arte", mas a "felicidade da contemplação não pode, no entanto, prescindir dos museus". Sem tomar partido por nenhuma das diferentes museografias, seja a da recontextualização seja a da abstração, Adorno tira sua conclusão apontando "a situação desastrosa em que se encontra o que se designa como a tradição cultural. Desde que ela não tem a força de integração substancial e é solicitada apenas porque seria bom ter uma tradição, o remanescente perde-se, é reduzido a um simples meio".

A versão marxista adota amplamente a mesma abordagem. Assim, na noção de "cidade museu", utilizada por Raymond Ledrut, em que "a moradia dos homens adquire um aspecto de necrópole": a museificação assinala a alienação. No final do século XX, o museu permanece um objeto de meditações filosóficas que passa, eventualmente, pela redescoberta de Quatremère de Quincy na tradição filosófica francesa. Recentemente, sob a pena de Jacques Derrida, o Museu Freud torna-se pretexto para uma meditação desconstrucionista sobre a leitura do arquivo e sobre as disposições da melancolia, da nostalgia e do luto. Assim, o museu configuraria não tanto o lugar da redenção, após a perda das origens, mas o da violência e de suas consequências traumáticas. No entanto, as inflexões autenticamente trágicas de uma reflexão filosófica são, às vezes, degradadas em museologia melodramática.

Repovoar o museu

A noção de avaliação dos museus apareceu na década de 1920-1930 na encruzilhada entre as preocupações com a educação dos visitantes, os dissabores do ambiente profissional e as ambições das ciências sociais. Os procedimentos de avaliação, no sentido estrito, só adquirem um verdadeiro reconhecimento a partir dos anos 1960, em relação com uma psicologia behaviorista e as expectativas normativas da época. Ocorre que, em numerosas análises, o museu assume a forma seja de um repertório de artefatos canônicos, disponíveis para uma fruição cada vez mais expandida com os avanços da socialização e da democratização, seja de um dispositivo que reconduz as estruturas de um campo para além das variações da distinção entre seus visitantes.

Na perspectiva crítica, a análise da visita de museus redunda em uma classificação dos visitantes. Assim, ao museu de arte, foi atribuída a consolidação de uma hegemonia cultural de classe, ao denunciar a ilusão de um estabelecimento aberto a todos quando, afinal, ele seria reservado, na realidade, a alguns e perpetuaria um "Ancien Régime". Para Pierre Bourdieu, as convenções do estabelecimento são naturalizadas no seio das relações sociais e internalizadas sob a forma de *habitus* (BOURDIEU; DARBEL, 1969). A prática da visita define um *status* no âmago das relações com a cultura legítima, além de refletir a estratificação sociocultural. Em suma, nessa perspectiva, "está fora de questão que possa existir, necessariamente, um bom entendimento entre o museu de arte e a democracia" (ZOLBERG, 1989). De acordo com o museólogo inglês Richard Sandell, o estabelecimento constituiria inclusive uma "exclusão institucionalizada" (SANDELL, 2002).

Contrariamente a semelhantes leituras, as tentativas recentes da sociologia pragmática dos amadores para "repovoar" os diversos espaços de arte (HENNION, 1993) pretendem mostrar que a visita ao museu é uma atividade complexa, nem somente lazer nem apenas aprendizado, implicando maneiras de enunciar e pôr em prática determinados interesses e valores. Nos olhares que cruza no interior do museu, nas narrativas de visitas, nos usos do catálogo, o amador fica conhecendo, aos poucos, o que é válido para ele. A experiência do museu é um conjunto de valores acumulados que constrói uma legitimidade por ocasião das visitas, mas também no seio de associações de usuários ou no decorrer de diversos investimentos, de doações e legados, enfim, no voluntariado quando ele existe (a força de tal compromisso é considerável no espaço anglo-americano: assim, mais da metade das 40.000 pessoas que trabalham nos museus britânicos é voluntária). Paralelamente, algumas coleções são outros tantos museus de memórias particulares que colaboram, às vezes, na dimensão patrimonial de uma comunidade ou de uma nação (assim, na Jordânia, segundo MAFFI, 2004).

Conclusão

O que existirá, atualmente, em comum entre o "museu universal" – previsto em Abu Dhabi, território no qual a sucursal do Louvre, projetada pelo arquiteto Jean Nouvel, cobrirá 24.000 m², incluindo 8.000 m² de superfície destinada a exposições, cujo custo se eleva a 83 milhões de euros – e o Musée Précaire Albinet [Museu Precário Albinet], inventado pelo artista plástico Thomas Hirschhorn, aberto em 2004, em um bairro popular de Aubervilliers, subúrbio norte de Paris? O que haverá em comum entre este ou aquele "automonumento" do *junkspace* (KOOLHASS, 2002) – cuja configuração tem sido adotada por um grande número de museus contemporâneos, "mosteiros abarrotados à semelhança das grandes lojas de departamentos" –, e tal coleção quase íntima, mas aberta ao público, ou o MARTa Herford Museum (Alemanha)? A resposta, talvez, tenha a ver com a ideia de modernidade e com suas diversas versões, em particular, quanto ao espaço público e às concepções da cidadania.

O museu moderno estava vinculado à emergência de um espaço público no final do século XVIII e, portanto, era estruturado pela discussão em torno de um interesse comum, modelado por um programa pedagógico racional, sem ser caracterizado unicamente pela abertura de um lugar a visitantes. O museu do século XIX participou, em seguida, da elaboração de uma representação democrática e patriótica que mantém vínculos evidentes com as Exposições Universais, além de dispor de todos os equipamentos de educação. Nessa época, a estética do museu, além de constituir – como é defendido pela historiadora da arte Svetlana Alpers – uma "maneira de ver", correspondia a um conjunto de normas: a "qualidade museu" (ALPERS, 1991). Uma história cruzada das museografias e de sua circulação internacional ainda está por se escrever: ela explicaria, em particular, a relativa homogeneização do que o sociólogo Tony Bennett designa por "complexo de exposição" (BENNETT, 1995), a maneira como singularidades de procedimentos têm conseguido, aqui ou lá, declinar novas abordagens de estabelecimentos.

Da noção de simples de um museu como conjunto coerente de coleções, delimitadas e hierarquizadas com toda a clareza, organizadas com objetivos nítidos e unívocos, passamos no decorrer do século XX para uma imagem simultaneamente mais imprecisa e mais complexa, a serviço de uma multiplicidade de interesses divergentes, para não dizer contraditórios; daí surgiu, aqui e lá, o programa de uma nova ambiência museográfica, em nome da especificidade dos museus em relação às diferentes proposições da incipiente indústria cultural. Com efeito, de uma forma geral, o museu expõe objetos visando não tanto a uma tarefa ou função, mas pelo fato de serem capazes de desempenhar um papel na reflexão social, ou de fornecer elementos de reconhecimento, interpretação e compreensão, em suma, porque eles se revelam como "adequados a pensar" para a inteligência analítica. Ele permite, desde sua origem, uma compreensão histórico-crítica e, mais recentemente, uma espécie de olhar etnológico dirigido para o interior; esse efeito de sentido está conectado a formas impessoais de conservação e exposição de objetos, em vez das modalidades de fruição e de uso por seus proprietários.

Mas a autoridade "natural" dos museus, nessa área, começou a ser questionada regularmente a partir da década de 1970: eis o que é testemunhado pela emergência e, em seguida, pelo esgotamento de alguns registros de colecionismo ou de modo de expor. Há quem esteja empenhado, aqui e lá, em realçar a nova lógica cultural da instituição na era do capitalismo tardio, quando ela deixou de estar relacionada com a conservação de um patrimônio público ou com a narrativa de uma história da arte enciclopédica (KRAUS, 1990). As restituições museais desta ou daquela verdade histórica tornam-se paralelamente a oportunidade de polêmicas que se multiplicaram, desde a década de 1990, em um contexto pós-colonial e multicultural. Essas críticas comprovam certamente que o museu não perdeu seu poder simbólico e pode fornecer um local de debates contemporâneos; ocorre que a interpretação de seus objetos pelo museu tende a se desconectar dos valores de sua posse, para não dizer da legitimidade de sua transmissão.

Além da validade de suas escolhas para a posteridade e da eficácia de suas leituras dos objetos e das imagens, o museu deve garantir aos visitantes a fruição de experiências específicas. Ele pode até mesmo, ocasionalmente, historicizar as experiências passadas da fruição das coleções: por exemplo, no momento de exposições que revisitam as apresentações tradicionais – tal procedimento vai do Museu de Lille, que assinala a seus visitantes as obras mais apreciadas no século XIX e que, atualmente, se tornaram literalmente "invisíveis", até a Tate Modern, que dedica um trabalho às noções de "valor", doação e comércio (tratadas pelos artistas Cummings e Lewandowska, em 2001), ou até o Met, que se debruça sobre a genealogia de sua coleção e escreve a história dos gostos de algumas gerações de colecionadores e mecenas (*The Age of Rembrandt: Dutch Paintings in The Metropolitan Museum of Art*, em 2007). Para se manterem pertinentes e atuais, os museus devem tomar cuidado com a amnésia dos lugares, homens e coleções; a atualização de seus sucessivos remanejamentos é uma tarefa que equivale à promessa de lucidez quanto à sua reivindicação obstinada de autenticidade.

Atualmente, na Europa, o desafio a enfrentar pelos museus de história nacional consiste em sua transformação em museus europeus, ou seja, em vislumbrar novas apresentações para as coleções reunidas em épocas mais antigas, ou a constituição de novos acervos, a fim de construir um espaço público dos patrimônios, adaptado à nova comunidade. Por enquanto, as(os) políticas(os) não têm mostrado interesse por esse canteiro de obras. A reconfiguração dos museus do outro (alienígena), no que se refere ao relativo abandono dos museus do si (das coisas nacionais), tem recebido mais atenção e é acompanhada por uma preocupação crítica mais bem equipada que se tornou central em uma reflexão museológica que, no decorrer do tempo, está cada vez mais vinculada à antropologia. No entanto, a dinâmica das fundações privadas e dos museus pessoais pode atenuar a carência das políticas públicas ou das iniciativas comunitárias. No Museu Benaki de Atenas, dedicado à arte islâmica, as coleções do fundador – um grego de Alexandria – se duplicam em exposições temporárias com fins pedagógicos, a fim de promover o conhecimento do mundo árabe.

Enfim, nos últimos 25 anos, verificou-se um crescimento espetacular, e *a priori* inesperado, de museus-memoriais, em que a história já não aparece, frequentemente, como pretexto para a glorificação, mas como objeto de opróbrio. Esses museus, inicialmente relacionados com a Segunda Guerra Mundial e com a singularidade da "solução final", dedicam-se atualmente aos genocídios, aos massacres em massa, às repressões de Estado, totalitárias ou não, aos atos terroristas e aos "desaparecimentos" que marcaram a história recente. A construção de uma significação pública dos sofrimentos privados, das lembranças de ações vis e de atrocidades, esclarece de maneira peculiar as estratégias dos museus, seu modo de contribuir para os desafios comemorativos e memoriais que estruturam o espaço público contemporâneo. De fato, ela impele, por assim dizer, até seu limite o processo mais amplo pelo qual os museus se adaptam ao que Homi Bhabha designa como a passagem da política da pedagogia abstrata do século XIX para a política da experiência pessoal do século XXI (Bhabha, 2007); ou, dito por outras palavras, em seus projetos, os museus empenham-se cada vez mais em reivindicar a experiência vivida, a memória do corpo e dos sentidos, contra o saber analítico que lhes servia de referência em sua antiga configuração de laboratórios cívicos (Bennett, 1995). Mas eles devem também enfrentar as culturas de massa relacionadas com as indústrias culturais e com as políticas de identidade; nesse sentido, eles materializam, na lógica cultural contemporânea, um inabalável fato de instituição.

Referências

AAM [AMERICAN ASSOCIATION OF MUSEUMS]. *Museum and Library Services Act*: General Definitions, 2003. Disponível em: http://www.aam-us.org/about museums/whatis.cfm.

ADORNO, Th. W. Valéry, Proust, musée (1953). In: *Prismes, Critique de la culture et société*. trad. fr. Paris: Payot, 1986 (1955).

ALEXANDER, E. P. *Museum Masters*: Their Museums and Their Influence. Nashville: American Association for State and Local History, 1983.

ALPERS, S. The museum as a way of seeing. In: KARP, I.; LAVINE, S. (Dir.). *Exhibiting Cultures*: The Poetics and Politics of Museum Display. Washington: Smithsonian Institution Press, 1991. p. 25-32.

AMES, M. M. *Cannibal Tours and Glass Boxes*: The Anthropology of Museums. Vancouver: University of British Columbia Press, 1992.

ANDERSON, B., *L'Imaginaire national*: réflexions sur l'origine et l'essor du nationalisme. Paris: La Découverte, 1996.

APPADURAI, A. (Dir.). *The Social Life of Things*: Commodities in Cultural Perspective. Cambridge: Cambridge University Press, 1986.

BALLÉ, C.; POULOT, D. *Musées en Europe*: une mutation inachevée. Paris: La Documentation Française, 2004.

BANN, S. *The Clothing of Clio*: A Study in the Representation of History in Nineteenth-Century Britain and France. Cambridge/New York: Cambridge University Press, 1984.

BARBE, N. O excesso, a ilustração e o intempestivo. Resíduos patrimoniais ou as três figuras da evasão democrática. *Revista Memória em Rede*, Pelotas, v. 2, n. 5, p. 30-55, abr./jul. de 2011. Disponível em: <http://www.ufpel.edu.br/ich/memoriaemrede/beta-02-01/index.php/memoriaemrede/article/view/13/13>. Acesso em: 28 jan. 2013.

BARBUY, H. A conformação, dos ecomuseus: elementos para compreensão e análise. *Anais do Museu Paulista: História e Cultura Material*, São

Paulo, v. 3, n. 1, p. 209-236, jan./dez. de 1995. Disponível em: <http://www.scielo.br/pdf/anaismp/v3n1/a19v3n1.pdf>. Acesso em: 28 jan. 2013.

BARKER, E. (Dir.). *Contemporary Cultures of Display*. New Haven: Yale University Press, 1999.

BARR, A. H. *Hitler et les neuf muses*. Caen: L'Échoppe, 2005.

BASSO PERESSUT, L. *Musées. Architectures 1990-2000*. Arles: Actes Sud, 1999.

BAYART, D.; BENGHOZI, P.-J. *Le Tournant commercial des musées en France et à l'étranger*. Paris: La Documentation Française, 1993.

BAZIN, G. *Le Temps des musées*. Liège: Desoer, 1967.

BENASSYAG, D. (Dir.). *Le futur antérieur des musées*. Paris: Association Nationale pour la Formation et l'Information Artistique et Culturelle (A.N.F.I.A.C.) / Les Éditions du Renard, 1991.

BENHAMOU, F. *L'Économie de la culture*. Paris: La Découverte, Repères, 2004.

BENNETT, T. *The Birth of the Museum*: History, Theory, Politics. Londres: Routledge, 1995.

BENZAID, R. *L'ethnologie de la France, besoins et projets*. Relatório do grupo de trabalho sobre o patrimônio etnológico. Paris: Ministère de la Culture et de la Communication, 1979.

BHABHA, H. *Les lieux de la culture*. Paris: Payot, 2007.

BINNI, L.; PINNA, G. *Museo, storia e funzioni di una macchina culturale dal'cinquecento a oggi*. Milan: Garzanti, 1980.

BJURSTRÖM, P. *The Genesis of The Art Museum in the 18th Century*. Stockholm: Musée National, 1993.

BLANCHOT, M. *L'Amitié*. Paris: Gallimard, 1971 (Le musée, l'art et le temps).

BOURDIEU, P.; DARBEL, A. *L'Amour de l'art*. Paris: Minuit, 1969 [Em português: *O amor pela arte*: os museus de arte na Europa e seu público. São Paulo: Edusp / Zouk, 2003].

BOYLAN, P. (Dir.). *Museums 2000*: Politics, People, Professionals, and Profit. Londres: Museums Association/Routledge, 1992.

BRESC, G. *Mémoires du Louvre*. Paris: Gallimard, 1989.

BUCHLOH, B. H. D. Conceptual art 1962-1969: from the aesthetic of administration to the critique of institutions. *October*, v. 55, p. 105-143, winter 1990.

BUTLER, B. *Return to Alexandria*: An Ethnography of Cultural Heritage Revivalism and Museum Memory. Walnut Creek: Left Coast Press, 2007.

CAILLET, E. *À l'approche du musée, la médiation culturelle*. Lyon: PUL, 1995.

CAMERON, D. F. The pilgrim and the shrine: the icon and the oracle. A perspective on museology for tomorrow. *Museum Management and Curatorship*, v. 14, n. 1, p. 47-55, mars 1995.

CARBONNELL, B. M. (Dir.). *Museum Studies*: an Anthology of Contexts. London: Blackwell, 2004.

CATEL, P.-Y. Museu de Artes e Ofícios, Belo Horizonte: afinal, como nascem os museus? *História, Ciência, Saúde - Manguinhos*. Rio de Janeiro, v. 12, supl. 0, p. 323-324, 2005. Disponível em: <http://dx.doi.org/10.1590/S0104-59702005000400016>. Acesso em: 28 jan. 2013.

CAUMAN, S. *The Living Museum*: Experiences of An Art Historian and Museum Director – Alexandre Dorner. New York: New York University Press, 1958.

CHAKRABARTY, D. Museums in late democracies. *Humanities Research*, v. 10, n. 1, p. 5-12, 2002.

CHANET, J.-Fr. *L'école républicaine et les petites patries*. Paris: Aubier, 1996.

CHIVA, I. *Une politique pour le patrimoine culturel rural*. Paris: Mission du Patrimoine Ethnologique, 1994.

CLIFFORD, J. *Routes*: Travel and Translation in the Late Twentieth Century. Cambridge: Harvard University Press, 1997.

COLEMAN, L.V. *The museum in America*: a critical study. Washington, D.C.: American Association of Museums, 1939. 3 v.

COLLEY, L. *Britons*: Forging the Nation 1707-1837. London: Pimlico, 1994.

CONFINO, A. *The Nation as Local Metaphor*: Württemberg, Imperial Germany and National Memory 1871-1918. Chapel Hill: University of North Carolina Press, 1997.

CONSELHO INTERNACIONAL DOS MUSEUS (ICOM). *Statuts. Code de déontologie professionnelle*. Paris: Conseil International des Musées, 1990.

CONTI, A. *Storia del restauro e della conservazione delle opere d'arte*. Milan: Electa, 1988.

COOMBES, A. E. *Reinventing Africa*: Museums, Material Culture and Popular Imagination in Late Victorian and Edwardian England. New Haven: Yale University Press, 1994.

COULANGES, F. de. *Cidade antiga*: Estudo sobre o culto, o direito e as instituições da Grécia e de Roma. 10. ed. Lisboa: Clássica Editora, 1971. *Apud* CATROGA, F. Pátria e Nação, 2008. Disponível em: www.humanas.ufpr.br/portal/.../Pátria-e-Nação-Fernando-Catroga.pdf.

CRANE, S. A. *Collecting and Historical Consciousness in Early Nineteenth-Century Germany*. Ithaca: Cornell University Press, 2000.

DAVALLON, J. (Dir.). *L'Exposition à l'œuvre*: stratégie de communication et médiation symbolique. Paris: L'Harmattan, 1999.

DEBARY, O. *La Fin du Creusot ou l'art d'accommoder les restes*. Paris: Éditions du CTHS, 2003.

DEBARY, O. Segunda mão e segunda vida: objetos, lembranças e fotografias. *Revista Memória em Rede*, Pelotas, v. 2, n. 3, ago.-nov. de 2010. Disponível em: <www.ufpel.edu.br/ich/.../DEBARY_Octave.pdf>. Acesso em: 28 jan. 2013.

DEROO, R. J. *The Museum Establishment and Contemporary Art*: the Politics of Artistic Display in France after 1968. Cambridge: Cambridge University Press, 2006.

DERRIDA, J. *Mal d'archive*: une impression freudienne. Paris: Galilée, 1995 [Em português: *Mal de arquivo*: uma impressão freudiana. Rio de Janeiro: Relume Dumará, 2001].

DESVALLÉES, A. (Dir.). *Vagues*: une anthologie de la nouvelle muséologie. Recueil de textes. Mâcon / França: Éditions W, v. 1, 1992; v. 2, 1994.

DIAS, N. *Le Musée d'ethnographie du Trocadéro, 1878-1908*. Paris: Éditions du CNRS, 1991.

DUBIN, S. C. *Displays of Power*: Controversy in the American Museum from the Enola Gay to Sensation. New York: New York University Press, 1999.

DUNCAN, C. *Civilizing Rituals*: Inside Public Art Museums. London: Routledge, 1995.

DUPUY, M.-A. *Dominique-Vivant Denon, L'œil de Napoléon*. Paris: Éditions de la RMN, 1999.

DURAND, J.-N.-L. *Précis des leçons d'architecture données à l'École Polytechnique*. Paris: Chez l'Auteur, 1802-1805. 2 v.

DUVE ,Th. de. *Kant After Duchamp*. Cambridge: The MIT Press, 1998.

EIDELMAN, J. La création du Palais de la découverte. Idéalisme corporatiste et matérialisme politique, p. 161-169. In: SCHROEDER-GUDEHUS, B. (Dir.). *La Société industrielle et ses musées*: demande sociale et choix politiques, 1890-1990. Paris: Éditions des Archives Contemporaines, 1992.

EIDELMAN, J.; ROUSTAN, M.; GOLDSTEIN, B. (Dir.). *La place des publics*: de l'usage des études et recherches dans les musées. Paris: La Documentation Française, 2007. (Col. Musées-mondes.)

FABRE, D. (Dir.). *Domestiquer l'histoire*: ethnologie des monuments historiques. Paris: Éditions de la MSH, 2000.

FABRE, D. *Le patrimoine culturel immatériel*: notes sur la conjoncture française. Paris: Ministère de la Culture et de la Communication, Mission à l'Ethnologie, 2006. Disponível em: <http://www.iiac.cnrs.fr/lahic/.../D._Fabre_oct_2006.pdf>. Acesso em: 28 jan. 2013.

FINDLEN, P. *Possessing Nature*: Museums, Collecting, and Scientific Culture in Early Modern Italy. Berkeley/Los Angeles: University of California Press, 1994.

FRASER, A. *Museum Highlights:* The Writings of Andrea Fraser. Edited by Alexander Alberro. Cambridge: MIT Press, 2005.

FRIEDLANDER, S. (Dir.). *Probing the limits of representation*: Nazism and the "final solution". Cambridge: Cambridge University Press, 1992.

GAEHTGENS, T. W. *L'Art sans frontières*: les relations artistiques entre Paris et Berlin. Paris: Librairie Generale Française,1999.

GAEHTGENS, T. W. *Versailles, de la résidence royale au musée historique*: la galerie des batailles dans le musée historique de Louis-Philippe. Paris: Albin Michel, 1984.

GALARD, J. *Le Regard instruit:* action éducative et action culturelle dans les musées. Paris: La Documentation Française, 2000.

GASKELL, I. *Vermeer's Wager*: Speculations on Art History, Theory and Art Museums. London: Reaktion Books, 2000.

GEERTZ, C. Genres flous: la refiguration de la pensée sociale. In: *Savoir local, savoir global*. Paris: PUF, 1986.

GENÊT-DELACROIX, M.-C. *Art et État sous la IIIe République*: le système des beaux-arts 1870-1940. Paris: Publications de la Sorbonne, 1992.

GEORGEL, C. (Dir.). *La Jeunesse des musées*: les musées de France au XIXe siècle. Paris: Éditions de la RMN, 1994.

GOMES JUNIOR, G. S. Le Musée Français: guerras napoleônicas, coleções artísticas e o longínquo destino de um livro. *Anais do Museu Paulista: História e Cultura Material,* São Paulo, v. 15, n. 1, p. 219-246, 2007. Disponível em: <http://www.scielo.br/scielo.php?pid=S0101-47142007000100006&script=sci_arttext>. Acesso em: 28 jan. 2013.

GONSETH, M.-O.; HAINARD, J.; KAEHR, R. (Dir.). *Le musée cannibale*. Neuchâtel: Musée d'Ethnographie, 2002.

GORGUS, N. *Le Magicien des vitrines*. Paris: Éditions de la MSH, 2002.

GOTTESDIENER, H. *Évaluer l'exposition*: définitions, méthodes et bibliographie commentée d'études d'évaluations. Paris: La Documentation Française, 1987.

GROSSMANN, M. Museu como Interface. In: *Museu Arte Hoje*. São Paulo: Editora Hedra e Fórum Permanente, 2011. Disponível em: <http://www.forumpermanente.org/.event_pres/simp_sem/pad-ped0/documentacao-f/mesa_03/mesa3_martin/>. Acesso em: 28 jan. 2013.

GUILLERME, J. *Les Collections:* fables et programmes. Seyssel / França: Champ-Vallon, 1993.

HABERMAS, J. *L'Espace public:* archéologie de la publicité comme dimension constitutive de la société bourgeoise. trad. fr. Paris: Payot, 1978 (1963).

HAINARD, J.; KAEHR, R. *Objets prétextes, objets manipulés*. Neuchâtel / Suíça: Musée d'Ethnographie, 1984.

HARRIS, N. *Cultural Excursions*: Marketing Appetites and Cultural Tastes in Modern America. Chicago: University of Chicago Press, 1990.

HASKELL, F. *Patrons and Painters*: Art and Society in Baroque Italy. New Haven/London: Yale University Press, 1980 [Em português: *Mecenas e pintores*: arte e sociedade na Itália barroca. São Paulo: Edusp, 1997].

HASKELL, F. *Le Musée éphémère*: les maîtres anciens et l'essor des expositions. Paris: Gallimard, 2002.

HAUTECŒUR, L. *Architecture et aménagement des musées*. Paris: Éditions de la RMN, 1993 (1934).

HENNION, A. Histoire de l'art: leçons sur la médiation. *Réseaux, CNET*, 60, p. 9-38, 1993.

HOOPER-GREENHILL, E. *Museums and the Shaping of Knowledge*. London: Routledge, 1992.

HUDSON, K. *A Social History of Museums*: What the Visitors Thought. London: Macmillan, 1975.

IMPEY, O.; MACGREGOR, A. (Dir.). *The Origins of Museums*: The Cabinet of Curiosities in Sixteenth- and-Seventeenth-Century Europe. Oxford: Clarendon Press, 1985.

JAY, M. *Downcast Eyes*: The Denigration of Vision in Twentieth-Century French Thought. Berkeley-Los Angeles-London: University of California Press, 1993.

JAMIN, J. Les musées d'anthropologie sont-ils dépassés? In: BENASSAYAG, D. *Le futur antérieur des musées*. Paris: Association

Nationale pour la Formation et l'Information Artistique et Culturelle (A.N.F.I.A.C.) / Les Éditions du Renard, 1991.

JENKINS, I. *Archaeologists and Aesthetes in the Sculpture Galleries of the British Museum, 1800-1939*. London: British Museum Press, 1992.

KARP, I.; LAVINE, S. (Dir.). *Exhibiting Cultures*: The Poetics and Politics of Museum Display. Washington: Smithsonian Institution Press, 1991.

KARP, I. *et al.* (Dir.). *Museums and Communities*: The Politics of Public Culture. Washington: Smithsonian Institution Press, 1992.

KIEFER, F. Arquitetura de museus. *Arqtexto*, n. 1, v. 2, p. 12-24, 2000.

KIRSHENBLATT-GIMBLETT, B. *Destination Culture*: Tourism, Museums, Heritage. Berkeley: University of California Press, 1998.

KLEIN, R. *La Forme et l'intelligible*. Paris: Gallimard, 1970.

KOOLHASS, R. *et al.* (Ed.). *Harvard Design School Guide to Shopping*. Cologne: Taschen, 2002.

KRAUS, R. The cultural logic of the late capitalist museum. *October*, v. 54, p. 3-17, automne 1990.

LAURIERE, C. *Paul Rivet*: le savant et le politique. Paris: Publications scientifiques du Museum National d'Histoire Naturelle, 2008.

LENOIR, A. *Description historique et chronologique des monuments et sculptures réunis au Musée Impérial des Monuments français*. Paris: Chez l'Auteur, 1810.

LOIR, Ch. *L'Émergence des Beaux-Arts en Belgique*: institutions, artistes, public et patrimoine (1773-1835). Bruxelles: Éditions de l'Université de Bruxelles, 2004.

LORENTE, J. P. *Cathedrals of Urban Modernity*: the First Museums of Contemporary Art 1800-1930. Aldershot: Ashgate, 1998.

LOWRY, G. D.; MACGREGOR, N. *Whose Muse ?* Princeton: Princeton University Press, 2004.

LÜBBE, H. *Der Fortschritt und das Museum*: über den Grund unseres Vergnügens an historischen Gegenständen. London: Institute of Germanic Studies / University of London, 1982.

MACDONALD, G. F.; ALSFORD, S. *Un musée pour le village global*. Hull: Musée Canadien des Civilisations, 1989.

MACDONALD, S. (Ed.). *The Politics of Display*: Museums, Science, Culture. London/New York: Routledge, 1998.

MAFFI, I. *Politiques de la mémoire en Jordanie*: entre histoire dynastique et récits communautaires. Lausanne: Payot, 2004.

MAGALHÃES, R.C. de. A vocação pedagógica dos museus de Filadélfia. *Pro-Posições*, n. 20, v. 2, p. 225-252, 2009. Disponível em: <http://www.scielo.br/scielo.php?script=sci_arttext&pid=S0103-73072009000200014&lng=en&tlng=pt>. Acesso em: 28 jan. 2013.

MAGNANO, L; AMPUGNANI, V.; SACHS, A. (Ed.). *Museums for a New Millenium*. Munique: Prestel Verlag, 1999.

MAINARDI, P. *The End of the Salon: Art and the State in the Early Third Republic*. Cambridge: Cambridge University Press, 1993.

MAIRESSE, F. *Le droit d'entrer au musée*. Bruxelles: Labor, 2005.

MAIRESSE, F.; DESVALLÉES, A. (Ed.). *Vers une redéfinition du musée?* Paris: l'Harmattan, 2007.

MALRAUX, A. *Le Musée imaginaire*. Paris: Albert Skira, 1967.

MAROEVIĆ, I. O papel da musealidade na preservação da memória. Texto apresentado no Congresso Anual do ICOFOM – Museologia e Memória. Paris, 1997.

MAROEVIĆ, I. *Introduction to Museology*. Munique: Verlag Dr. Christian Müller-Straten, 1998.

MAROEVIĆ, I. Vers la nouvelle définition du muse. In: MAIRESSE, Fr.; DESVALLÉES, A. (Dir.). *Vers une redéfinition du musée?* Paris: l'Harmattan, 2007.

McCLELLAN, A. *Art and Its Publics*. Malden: Blackwell Publishers, 2003.

MICHAUD, Y.; MOREL, J.-P. *Pour un musée français d'art moderne*. Paris: Réunion des Musées Nationaux, 1996.

MONNIER, G. *L'Art et ses institutions en France, de la Révolution à nos jours*. Paris: Gallimard, 1995.

MONTANER, J. M. *Nouveaux musées*: espaces pour l'art et la culture. Barcelona: Gili, 1990.

MONTPETIT, R. Une logique d'exposition populaire: les images de la muséologie analogique. *Publics et musées*, n. 9, p. 55-100, janvier-juin 1996.

MOULIN, R. (Dir.). *Sociologie de l'art*. Paris: La Documentation Française, 1986.

MURRAY, D. *Museums*: Their History and their Use. Glasgow: James MacLehose, 1904. 3 v.

MUSÉE DES MONUMENTS FRANÇAIS. *Le Musée de Sculpture Comparée*: naissance de l'histoire de l'art moderne. Paris: Centre des monuments nationaux/Éditions du Patrimoine, 2001.

MUSEOLOGIE SELON GEORGES-HENRI RIVIERE (La). Cours de muséologie. Textes et témoignages. Paris: Bordas, 1989.

Museu e Museologia: Interfaces e Perspectivas. GRANATO, M.; SANTOS, C.P. dos; LOUREIRO, M. L. de N. M. Rio de Janeiro: MAST (Museu de Astronomia e Ciências Afins), Colloquia, v. 11, 2009.

NEWHOUSE, V. *Art and the Power of Placement*. New York: The Monacelli Press, 2005.

NORA, P. (Dir.). *Les Lieux de mémoire*. Paris: Gallimard, 1997.

OCTOBRE, S. Dilemme de la professionnalisation, le cas des conservateurs de musées. In: POIRRIER, P.; DUBOIS, V. *Les Collectivités locales et la culture. Les formes de l'institutionnalisation, XIXe-XXe siècle*. Paris: La Documentation Française, 2002. p. 285-313.

O'DOHERTY, B. *Inside the White Cube. The ideology of the Gallery Space*. Santa Monica/San Francisco: The Lapis Press, 1986 [Em português: *No interior do Cubo Branco: a ideologia do Espaço da Arte*. São Paulo: Martins Fontes, 2002].

Parcs naturels et le patrimoine ethnologique (Les). Paris: Fédération des Parcs Naturels de France, Ministère de l'Environnement, Ministère de la Culture, 1982.

PASSERON, J.-C.; PEDLER, E. *Le Temps donné aux images*. Marseille: CERCOM, 1991.

PAUL, C. *The Borghese Collections and the Display of Art in the Age of the Grand Tour*. Farnham: Ashgate, 2008.

PEARCE, S. M. *On Collecting*: An Investigation into collecting in the European Tradition. London: Routledge, 1995.

PEREIRA, S. G. A Historiografia da Arquitetura Brasileira no Século XIX e os Conceitos de Estilo e Tipologia. *19&20*, Rio de Janeiro, v. II, n. 3, jul. 2007. Disponível em: <http://www.dezenovevinte.net/arte%20decorativa/ad_sgp.htm>. Acesso em: 28 jan. 2013.

POIRRIER, P.; DUBOIS, V. *Les Collectivités locales et la culture. Les formes de l'institutionnalisation, XIXe-XXe siècle*. Paris: La Documentation Française, 2002.

POIRRIER, P.; VADELORGE, L. (Dir.). *Pour une histoire des politiques du patrimoine, Comité d'Histoire du Ministère de la Culture*. Paris: Fondation MSH, 2003.

POMMIER, E. (Dir.). *Les Musées en Europe à la veille de l'ouverture du Louvre*. Paris: Klincksieck, 1995.

POULOT, D. *Musée, nation, patrimoine, 1789-1815*. Paris: Gallimard, 1997.

POULOT, D. *Patrimoine et musées. L'institution de la culture*. Paris: Hachette, 2001.

POULOT, D.*Une histoire des musées de France, XVIIIe-XXe siècles*. Paris: La Découverte, 2008.

POULOT, D. O modelo republicano de museu e sua tradição. In: POULOT, D. et al. *Inovações, coleções, museus*. Belo Horizonte: Autêntica, 2011a.

POULOT, D. Cultura, história, valores patrimoniais e museus. *Varia história*, Belo Horizonte, v. 27, n. 46, p. 471-480, jul./dez. de 2011b. Disponível em: <http://www.scielo.br/scielo.php?pid=S0104-87752011000200004&script=sci_arttext>. Acesso em: 28 jan. 2013.

PRATT, M. L. *Imperial Eyes*: Travel Writing and Transculturation. London: Routledge, 1992.

PREZIOSI, D.; FARAGO, C. (Dir.). *Grasping the World*: The Idea of the Museum. London: Aldershot, 2004.

PUTNAM, J. *Le Musée à l'œuvre*: le musée comme médium dans l'art contemporain. Paris: Thames and Hudson, 2002.

QUELS MUSEES POUR QUELLES FINS AUJOURD'HUI? Paris: La Documentation Française, 1983.

RAPHAËL, F.; HERBERICH-MARX, G. Le musée, provocation de la mémoire. *Ethnologie française*, t. 17, n. 1, p. 87-94, 1987.

ROODENBURG-SCHADD, C., *Expressie en ordening. Het verzamelbeleid van Willem Sandberg voor het Stedelijk Museum, 1945-1962*. Stedelijk Museum et NAi Uitgevers, 2003.

ROUET, F. (Dir.). *Les Tarifs de la culture*. Paris: La Documentation Française, 2002.

RUPP, Bettina. O curador como autor de exposições. *Revista-Valise*, Porto Alegre, v. 1, n. 1, ano 1, p. 131-143, julho de 2011. Disponível em: <http://seer.ufrgs.br/RevistaValise/article/view/19857>. Acesso em: 28 jan. 2013.

SALGUEIRO, V. Grand Tour: uma contribuição à historia do viajar por prazer e por amor à cultura. *Revista Brasileira de História*, v. 22, n. 44, p. 289-310, 2002. Disponível em: <www.scielo.br/pdf/rbh/v22n44/14001.pdf>. Acesso em: 28 jan. 2013.

SANDELL, R. *Museums, Society, Inequality*. London/New York: Routledge, 2002.

SANTNER, E. History beyond the pleasure principle. Some thoughts on the representation of trauma, in FRIEDLANDER, S. (Dir.). *Probing the limits of representation*: Nazism and the «final solution». Cambridge: Cambridge University Press, 1992.

SCHÄRER, M. La relation homme-objet exposée: théorie et pratique d'une expérience muséologique. *Publics et musées*, n. 15, p. 31-43,1999.

SCHORSKE, C. E. Le glaive, le sceptre et le ring. Naissance d'un musée dans un espace disputé. In: *Prendre place. Espace public et culture dramatique*. Paris: Éditions Recherches, 1995.

SCHROEDER-GUDEHUS, B. (Dir.). *La Société industrielle et ses musées*: demande sociale et choix politiques, 1890-1990. Paris: Éditions des Archives Contemporaines, 1992.

SCHULZ, E. Notes on the history of collecting and of museums. *Journal of the History of Collections*, v. 2, n. 2, p. 205-218, 1990.

SEGALEN, M. *Vie d'un musée 1937-2005*. Paris: Stock, 2005.

SHEEHAN, J. J. *Museums in the German Art World from the End of the Old Regime to the Rise of Modernism*. New York: Oxford University Press, 2000.

SHEETS-PAYENSON, S. *Cathedrals of Science*: The Development of Colonial Natural History Museums during the Late Nineteenth Century. Kingston/Montréal: McGill/Queens University Press, 1988.

SHERMAN, D. J. *Worthy Monuments*: Art Museums and the Politics of Culture in Nineteenth-Century France. Cambridge: Harvard University Press, 1989.

SHERMAN, D. J. *Museums and Difference*. Bloomington: Indiana University Press, 2008.

SHERMAN, D. J.; ROGOFF, I. (Dir.). *Museum Culture*. London: Routledge, 1994.

SILVA, E. R. da. O museu imaginário e a difusão da cultura. *Semear*, n. 6, PUC-Rio de Janeiro, Cátedra Padre Antônio Vieira de Estudos Portugueses, 2002. Disponível em: <http://www.letras.puc-rio.br/unidades&nucleos/catedra/revista/6Sem_14.html>. Acesso em: 28 jan. 2013.

SIMPSON, M. G. *Making Representations*: Museums in the Post-Colonial Era. London/New York: Routledge, 1996.

SOFKA, V. (Dir.). *La Muséologie*: science ou seulement travail pratique du musée? Estocolmo: ICOFOM, 1980.

SOLA, T. *Essays on Museums and their Theory*: Toward the Cybernetic Museum. Helsinque: The Finnish Museums Association,1997.

STANISZEWSKI, M. A. *The Power of Display*: A History of the Exhibition Installations at the Museum of Modern Art. Cambridge: MIT Press, 1998.

STOCKING Jr., G. W. (Dir.). *Objects and Others*: Essays on Museum Culture. Milwaukee: University of Wisconsin Press, 1985.

STRÁNSKÝ, Z. Z. *Muséologie. Introduction aux études*. Brno / República Tcheca: EIEM / Université Masaryk, 1995.

THIERRY, A. *Considérations sur l'histoire de France* (1840). In: *Œuvres complètes*. Paris: Éditions Furne, 1846. t. 4.

THOMPSON, J. M. A. (Dir.). *Manual of Curatorship*: A Guide to Museum Practice. London: Butterworths-Heinemann, 1992.

TILDEN, F. *Interpreting our Heritage*. Chapel Hill: University of North Carolina Press, 1957.

TOBELEM, J.-M. (Dir.). *Musées. Gérer autrement. Un regard international*. Paris: La Documentation Française, 1996.

TURGEON, L. *Patrimoines métissés*: contextes coloniaux et postcoloniaux. Québec/Paris: Presses Universitaires de Laval / Éditions de la MSH, 2003.

TURGEON, L.; DUBUC, É. (Dir.). Musées d'ethnologie: nouveaux défis, nouveaux terrains. *Ethnologies*, v. 24, n. 2, 2002.

TURGEON, L.; DEBARY, O. (Dir.). *Objets et mémoires*. Paris: Éditions de la MSH, 2007.

VALÉRY, P. Le problème des musées (1923). In: *Œuvres*, t. 2, *Pièces sur l'art*, p. 1290-1293. Paris: Nrf, Gallimard, Bibl. de la Pléiade, 1960. [Em português: O Problema dos museus. *ARS*, São Paulo, v. 6, n. 12, dez. 2008. Disponível em: <http://www.scielo.br/scielo.php?pid=S1678--53202008000200003&script=sci_arttext>. Acesso em: 28 jan. 2013.]

VALLE, A. Instalação nas Exposições Gerais de Belas Artes durante a 1ª República. *19&20*, Rio de Janeiro, v. 6, n. 1, jan./mar. de 2011. Disponível em: <http://www.dezenovevinte.net/arte decorativa/egba_instalacao.htm>. Acesso em: 28 jan. 2013.

VAN KALCK, M. (Dir.). *Les Musées royaux des beaux-arts de Belgique*: deux siècles d'histoire. Bruxelles: Dexia Banque - Racine, 2003.

VAN VELTHEM, L. H. O objeto etnográfico é irredutível? Pistas sobre novos sentidos e análises. *Boletim do Museu Paraense Emílio Goeldi*, Belém, v. 7, n. 1, abr. 2012. Disponível em: http://dx.doi.org/10.1590/S1981-81222012000100005.

VARINE-BOHAN, H. de. L'écomusée. *Gazette de l'Association des musées canadiens*, vol. X, n. 2, p. 29-40, 1978.

VERGO, P. (Dir.). *The New Museology*. London: Reaktion Books, 1989.

VIARDOT, L. *Les Musées d'Allemagne*. Paris: Hachette, 1860.

VIATTE, G. Malraux et les arts sauvages. In: *André Malraux et la modernité. Le dernier des romantiques*. Paris: Éditions Paris-Musées, 2001.

WATERFIELD, G. (Dir.). *Palaces of Art*: Art Galleries in Britain 1790-1990. London: Dulwich Picture Gallery, 1991.

WEIL, S. E. *A Cabinet of Curiosities*: Inquiries into Museums and their Prospects. Washington: Smithsonian Institution Press, 1995.

WHITE, H. C.; WHITE, C.A. *La Carrière des peintres au XIXe siècle*. Paris: Flammarion, 1991.

WHITEHEAD, C. *The public art museum in nineteenth Century Britain*. Aldershot: Ashgate, 2005.

WILLIAMS, P. *Memorial Museums*: The Global Rush to Commemorate Atrocities. Oxford: Berg Publishers, 2007.

WITCOMB, A. *Re-imagining the Museum*. Londres/New York: Routledge, 2003.

WITTLIN, A. S. *Museums : In Search of a Usable Future*. Cambridge: MIT Press, 1970.

ZOLBERG, V. Le Musée des Beaux-Arts, entre la culture et le public: barrière ou facteur de nivellement? *Sociologie et sociétés*, v. 21, n. 2, p. 75-90, 1989.

Lista dos textos em destaque

1. O mito de Alexandria, p. 15
2. Georges-Henri Rivière, p. 20
3. Museus franceses com maior número de visitantes em 2006, p. 28
4. As profissões da exposição, p. 29
5. Do enciclopedismo à especialização: a inventividade tipológica, p. 36
6. O Musée des Monuments Français ou o museu da ressurreição, p. 37
7. O Museu de Versalhes ou o museu dos anais, p. 40
8. Vida e morte do Musée National des Arts et Traditions Populaires, p. 48
9. A invenção da interpretação, p. 52
10. Os museus e o patrimônio cultural imaterial, p. 54
11. Venturas e desventuras da inovação cultural, p. 94
12. Patrimônio imaterial, territórios de projeto e políticas culturais, p. 98
13. O museu de artista, p. 108
14. O *Musée cannibale* no Museu de Etnografia de Neuchâtel, p. 112
15. Colocar no museu a arte confundida com a vida?, p. 114
16. O Museu de Bilbao (1993-1997) e os projetos franceses, p. 122
17. A digressão por Marte, p. 134
18. A crise da cultura e o museu impossível, p. 138

Este livro foi composto com tipografia Minion Pro e impresso
em papel Pólen Soft 80 g/m² na Formato Artes Gráficas.